COURS

D'ÉCONOMIE POLITIQUE.

—

V.

IMPRIMERIE DE W. REMQUET ET Cie,
rue Garancière, 5, derrière Saint-Sulpice.

COURS

D'ÉCONOMIE POLITIQUE

OU

EXPOSITION

DES PRINCIPES QUI DÉTERMINENT LA PROSPÉRITÉ DES NATIONS,

OUVRAGE

qui a servi à l'instruction de LL. AA. II. les grands-ducs Nicolas et Michel,

Par Henri STORCH,

Conseiller d'état au service de Russie, Membre effectif de l'Académie impériale,
Grand'croix de l'ordre de Saint-Volodimir, et Chevalier de divers ordres.

—

TOME CINQUIEME.

CONSIDÉRATIONS SUR LA NATURE DU REVENU NATIONAL.

PARIS

REY ET BELHATTE, LIBRAIRES,

Quai des Augustins, 45.

1852.

PRÉFACE.

Les recherches que je présente ici au public ne sont que les matériaux d'un autre livre. Je les avais destinées à la refonte de la seconde partie de mon *Cours d'économie politique;* la réimpression de cet ouvrage, que M. J.-B. Say vient de publier à Paris (1), m'engage à les donner séparément, puisque de long-temps il me sera impossible de songer à une seconde édition originale. Ce n'est pas sans un sentiment bien pé-

(1) *Cours d'économie politique,* par H. Storch, avec des notes explicatives et critiques, par J.-B. Say. Paris, 1823, 4 vol.

a

nible que je fais mention de ces circonstances. J'avais entretenu quelques relations amicales avec M. Say ; j'avais contribué de ma part à faire reconnaître son mérite, en lui ouvrant l'entrée à notre Académie : aurais-je dû m'attendre que, pour prix de ces marques d'estime et d'intérêt, cet écrivain m'enlèverait ma propriété, et qui plus est, la satisfaction de voir paraître mon ouvrage sous une forme moins imparfaite ?

M. Say ne s'est pas contenté de réimprimer mon Cours ; il y a joint des Notes dans lesquelles il exerce sur moi une critique impartiale et même bénigne tant que je suis d'accord avec lui, mais amère et virulente aussitôt que je m'éloigne de sa théorie. C'est surtout contre la seconde partie de cet ouvrage qu'il dirige ses attaques. Là, j'avais essayé de montrer que les services personnels, regardés par Smith comme stériles, concourent *indirectement* à la formation du revenu national, en produisant des *biens*, pour la plupart indispensables à la production matérielle. M. Say, au contraire, soutient dans ses écrits, d'après Garnier et quelques autres économistes, que les services s'appliquent à créer des *valeurs*, et qu'ainsi ces travaux sont *directement* productifs. Outre le tort d'avoir suivi une opinion différente de la sienne, M. Say me trouve encore celui *d'avoir parlé de lui un peu légèrement*. C'en est assez pour exciter sa colère. Dans ses Notes, il s'évertue à me prouver que ma doctrine est fausse, et que j'aurais dû

a.

m'en tenir à la sienne; mais il met dans cette discussion tant de fiel, et il y prend un ton si absolu, qu'on s'aperçoit bien qu'il plaide la cause de son amour-propre plutôt que celle de la vérité.

Cependant quelle est cette doctrine dont M. Say parle avec tant d'emphase, et qu'il croit avoir fondée sur des bases inébranlables? Qu'est-ce qu'il appelle des valeurs immatérielles ? Quelle influence leur accorde-t-il sur le revenu national? Quelles sont les modifications qu'en conséquence de ce principe il apporte à la théorie de ce revenu, telle que Smith nous l'a transmise, et telle que M. Say l'enseigne d'après lui? C'est ce que je vais examiner tout-à-l'heure, non pas comme adversaire du principe des valeurs immatérielles, mais comme son sectateur ; car long-temps avant que les Notes de M. Say eussent paru, j'avais déjà publiquement embrassé ce principe (1). Qu'il ait ignoré cette circonstance, je le crois, mais du moins s'ensuit-il que sa critique est venue trop tard pour m'éclairer sur mes erreurs. Voyons maintenant si la doctrine de M. Say en est exempte. L'analyse que j'en ferai peut être instructive pour ceux qui ne la connaissent pas à fond ; et quant à l'auteur, comme il déclare que l'intérêt de la science l'a obligé d'être sévère en-

---

(1) Dans un mémoire présenté à l'Académie des sciences le 16 juin 1819, et inséré dans le 8e volume de sa collection sous le titre : *Le revenu national considéré sous un nouveau point de vue.*

vers moi, il doit me savoir gré de l'être envers lui.

Smith ne reconnaît d'autres produits que ceux qui sont composés de matières : M. Say admet l'existence de *produits immatériels*. Mais qu'est-ce qu'il entend par ce nom ? Voici la réponse qu'il nous donne à cette question fondamentale (1) :

« Un médecin vient visiter un malade, » observe les symptômes de son mal, lui

---

(1) *Traité*, I, 121. J'observe ici, une fois pour toutes, que je cite le *Traité de M. Say,* d'après la quatrième édition, et mon *Cours* d'après l'édition de Paris. Les allégations de ce dernier ouvrage se rapportent aux *Notes de M. Say.* Les chiffres romains indiquent le volume, les chiffres arabes la page.

« prescrit un remède, et sort sans laisser
« aucun produit que le malade ou sa fa-
« mille puisse transmettre à d'autres per-
« sonnes, ni même conserver pour la con-
« sommation d'un autre temps.

« L'industrie du médecin a-t-elle été
« improductive? Qui pourrait le penser?
« le malade a été sauvé. Cette production
« était-elle incapable de devenir la ma-
« tière d'un échange? Nullement, puis-
« que le conseil du médecin a été échangé
« contre ses honoraires; mais le besoin
« de cet avis a cessé dès le moment qu'il
« a été donné. Sa production était de le
« dire, sa consommation de l'entendre;
« il a été consommé en même temps que
« produit. C'est ce que je nomme un
« produit immatériel. »

Cet exemple, qui doit tenir lieu d'une définition, vaut-il une définition? J'en doute; car il peut s'appliquer à des cas bien dissemblants(1). D'ailleurs, quel est, dans cet exemple, le produit immatériel? Est-ce le *travail* du médecin, ou est-ce le *résultat* de ce travail, la *santé* qu'il a rendue au malade? D'après ce raisonnement, « Le malade a été sauvé, donc l'in- » dustrie du médecin a été productive, » on devrait croire que c'est la santé qui constitue ici le produit; mais tout le

---

(1) Mettons à la place du malade un homme à bon appétit qui entre chez un restaurateur pour y manger un pâté : ne pourrait-on pas appliquer mot pour mot à ce déjeûner substantiel tout ce que M. Say dit de l'avis du médecin? La parodie serait plaisante, si l'on se donnait la peine de la faire.

reste de cet exemple nous donne l'idée que c'est le conseil du médecin ou son service. Dans cette incertitude, je consulte l'Epitome de l'auteur; il me présente une définition. « Un produit immaté-
» riel, y dit M. Say, est toute espèce d'u-
» tilité qui est nécessairement consom-
» mée au même instant que produite,
» et qui, par conséquent, ne peut se trans-
» mettre ni s'amasser; tels sont les *ser-*
» *vices personnels* (1). » Voilà du moins

---

(1) *Traité*, II, 491. Suivant la doctrine de M. Say, les *services utiles* ne sont pas les seuls produits immatériels. « Toute espèce d'utilité, dit-il, qui résulte d'un *capital* ou » d'un *bien-fonds* est un pareil produit; telle, par exemple, » que l'utilité qu'on retire d'une maison, d'un meuble, d'une » route, d'un jardin d'agrément. » Ces espèces d'utilité, il les appelle aussi des *services,* de sorte qu'il ne parle pas seu-

qui est clair : ce sont *les services eux-mêmes* que M. Say appelle des produits. Mais que deviennent donc leurs *résultats,* leurs *effets?* L'auteur croirait-il que ces effets ne peuvent compter pour des pro-

---

lement des *services productifs de l'homme,* mais encore de *ceux des terres et des capitaux.* Or, comme l'auteur enseigne lui-même (*Ibid.,* pag. 490) que c'est l'utilité seule qui constitue le produit, il s'ensuit que les maisons, les meubles, etc., ne sont proprement que des produits immatériels ; car ôtez-leur l'utilité, ils cesseront d'être des produits. Mais M. Say enseigne encore qu'un produit immatériel est une utilité *qui se consomme au même instant qu'elle est produite :* comment ce caractère est-il applicable à l'utilité d'une maison, d'un meuble, d'une route, d'un jardin d'agrément? Ces observations me justifient, je pense, de n'avoir donné aucune attention à ces prétendus services des terres et des capitaux que l'auteur range aussi parmi les produits immatériels.

duits, parce qu'il leur manque le caractère essentiel d'un produit, la *valeur?*
Tout au contraire, il blâme Smith d'a-
voir refusé le nom de produits aux *ré-*
sultats de l'industrie des musiciens, des
acteurs, des médecins, des juges, des
administrateurs de la chose publique (1).
« Les *fruits* de ces travaux, continue-t-il,
» ne sont-ils pas réels? Ils sont telle-
» ment réels qu'on se les procure au prix
» d'un autre produit qui est matériel. »
Et c'est après avoir critiqué Smith de ne
pas donner aux résultats des services le
nom de *produits* que M. Say lui-même
leur conteste cette qualification; c'est
après avoir reconnu d'une manière si

---

(1) *Traité*, I, 122.

formelle la *valeur* de ces résultats qu'il me reproche de les avoir appelés des valeurs, et qu'il s'écrie : « Quoi! le culte » une valeur! la sécurité une valeur! » Tout cela est insoutenable (1). »

On voit que M. Say confond les services avec leurs résultats; il est donc tout naturel qu'il m'attaque pour les avoir distingués. J'avais essayé de classer ces résultats et d'en tracer la nomenclature: non content de la rejeter, il se plaît à la tourner en ridicule. Mais, n'en déplaise à M. Say, je suis toujours encore de l'avis qu'un travail productif n'est pas son produit, pas plus qu'une cause n'est son

(1) *Cours*, III, 226-302.

propre effet. L'utilité même d'un travail est si peu son produit, qu'au contraire il faut qu'il produise pour être utile. Prendre les services utiles pour les produits qu'ils créent est une méprise semblable à celle qui prendrait l'arbre pour les fruits qu'il donne, parce que l'arbre est constamment sous nos yeux, tandis qu'il y a des époques où les fruits n'y sont pas, et que souvent ils sont incertains.

Cette erreur est fondamentale dans la doctrine de M. Say, et elle l'entraîne à des conséquences bien étranges. Comme il suppose que les services sont identiques avec leurs produits, il doit nécessairement admettre que ceux-ci n'ont point de durée; et comme il trouve que l'accumulation des produits exige leur durée, il est forcé d'en conclure que les services dont il proclame la faculté productive ne contribuent nullement à enrichir les nations. Telle est en effet sa doctrine; pour s'en convaincre, il suffit de jeter les yeux sur la table analytique de son Traité, où il dit: « Les produits » immatériels, n'étant pas susceptibles » de se conserver, ne peuvent s'accumu- » ler; ainsi, en favorisant leur multipli- » cation, on ne fait rien pour la richesse, » on ne fait que pour la consomma- » tion (1). » C'était bien la peine de combattre Smith, et d'annoncer un nouveau principe constitutif de la science, pour en

____

(1) *Traité*, I, 464.

revenir au même résultat que cet écrivain! « Une nation, dit M. Say, où il se
» trouverait une foule de musiciens, de
» prêtres, d'employés (quel choix dans
» ces exemples), pourrait être une nation
» fort divertie, bien endoctrinée, et ad-
» mirablement bien administrée; mais
» voilà tout. Son capital n'en recevrait
» aucun accroissement (1). » C'est comme
si l'on disait : Une nation où il se trouverait une foule de laboureurs, de tisse-
rands, de maçons et de charpentiers,
pourrait être une nation fort bien nour-
rie, vêtue et logée; mais voilà tout. Il
faut convenir que Garnier, qui part de
la même erreur, est plus conséquent, car

---

(1) *Traité,* I, 124.

voici comment il raisonne : Les services
sont-ils des produits, et les produits com-
posent-ils le revenu, il s'ensuit que le
revenu doit être d'autant plus grand que
les services se multiplient davantage.
M. Say, en combattant ce raisonnement,
insiste sur ce qu'il y a des services improductifs (1); mais quand les services
eux-mêmes sont les produits, comment
peuvent-ils être improductifs? Voilà de
ces propositions dont on peut dire avec
raison qu'elles sont insoutenables.

Telle est l'idée que l'auteur se fait des
produits immatériels; voyons ce que,
d'après cette idée, il appelle le *travail*

-----

(1) *Traité,* I, 124-125.

productif. « C'est, dit-il, le travail auquel
» on se livre pour exécuter une des
» opérations de l'industrie, ou seulement
» une partie de ces opérations (1). » On
voit que cette notion en suppose une autre, celle de *l'industrie.* Or, à la page 7,
l'auteur paraît borner ce travail à celui
de *l'agriculture*, des *manufactures* et du
commerce, car il n'y parle que de ces trois
branches. A la page 14 il y ajoute la profession du *savant,* mais du savant seulement *qui étudie la marche et les lois de
la nature.* La page 128 nous donne de
nouvelles lumières: il y est dit que les
domestiques, les *portefaix*, les *courtisanes* même, exercent aussi une industrie, mais une industrie fort simple,

---

(1) *Traité,* I, 52.

dont l'apprentissage se réduit à rien, et qui n'exige point de capitaux. Enfin, à la page 126, l'auteur déclare que le mot *industrie* comprend *toute espèce de travail productif.* Ainsi ce travail c'est l'industrie, et l'industrie c'est le travail productif; voilà tout ce que nous apprenons. Il n'y a que l'industrie du militaire que M. Say exclut de la catégorie du travail productif, où il a compris celle des courtisanes. « Smith appelle, dit-il, un sol-
» dat un travailleur improductif; plût à
» Dieu! c'est plutôt un travailleur des-
» tructif (1). »

Le sens dans lequel M. Say se plaît à prendre le mot *d'industrie* est tout-à-

____

(1) *Traité*, II, 298.

fait nouveau ; on n'est guère accoutumé d'entendre parler de l'industrie des savants, des magistrats, des prêtres. Quel est le but de cette innovation, quelle est son utilité? Autrefois le terme d'*industrie* était exclusivement réservé pour les travaux des manufactures et du commerce : Smith, en distinguant l'industrie des villes de celle des campagnes, y a compris tous les travaux qu'il appelle productifs. D'un autre côté, le nom de *services* comprend tous les travaux utiles que cet écrivain regarde comme improductifs. Pourquoi M. Say confond-il cette distinction, qu'il importe de maintenir, ne serait-ce que pour avoir un moyen de s'entendre lorsqu'il s'agit de combattre l'opinion de Smith ? D'ailleurs cette distinction n'est-elle pas fondée sur

b.

un caractère palpable, les produits de l'industrie étant matériels, et ceux des services étant d'une nature immatérielle? Les lecteurs qui voudraient contester ce caractère de l'industrie au *commerce* n'auraient pas suffisamment approfondi la nature de ses opérations. Il fournit effectivement des produits matériels à une contrée, en y transportant ceux des autres contrées qui y manquent. Le sucre des Indes qui se trouve à Saint-Pétersbourg y est un produit du commerce extérieur; le froment de la Russie méridionale y est un produit du commerce intérieur : sans le commerce, ces marchandises n'existeraient point pour cette ville; donc, pour elle, c'est le commerce qui les produit. Il en est de même du commerce en détail : il fournit des produits matériels aux individus, comme le commerce en gros en fournit aux villes, aux provinces, aux royaumes; une marchandise qui ne se vend qu'en gros n'existe point pour celui qui n'en peut acheter qu'une petite portion. Toutes les occupations commerciales, au contraire, par lesquelles les produits matériels ne sont point déplacés se rangent parmi les services, bien que leur récompense se trouve confondue dans le prix de ces produits, car la récompense d'une foule d'autres services s'y trouve également confondue.

Passons à la notion du *capital*. Si les services sont utiles, comme M. Say en convient, ils doivent l'être aux producteurs comme aux simples consommateurs. Or,

s'ils sont utiles aux premiers, leur valeur doit se reproduire par le travail que
ceux-ci font ; elle doit se retrouver dans
leurs produits. Pourquoi donc M. Say les
exclut-il du capital ? pourquoi soutient-
il qu'une nation où il se rendrait beaucoup de services utiles pourrait être
une nation bien instruite et bien administrée, mais que son capital n'en recevrait aucun accroissement ? « C'est que
» les services n'ont point de durée, » dit
l'auteur. Mais qu'est-ce qui constitue le
capital ? Sont-ce les *produits*, ou est-ce
leur *valeur?* « C'est leur valeur, et rien
» que leur valeur, » dit M. Say (1). Et,

---

(1) « Il est à remarquer que le capital change perpétuellement de forme quand il est employé productivement.
Le même capital existe tantôt sous la forme d'une somme

s'il en est ainsi, la durée des produits qu'a-t-elle de commun avec le capital ? La valeur des produits immatériels n'est-elle pas susceptible d'être accumulée, tout aussi bien que celle des produits matériels ? Garnier n'a-t-il pas déjà montré que les classes laborieuses que Smith appelle improductives concourent aussi à l'accroissement du capital national, par les épargnes qu'elles font sur les revenus provenant de leurs travaux ? Et lorsqu'un

---

d'argent, tantôt sous celle d'une matière première, d'un outil, d'une marchandise confectionnée. Ces choses ne sont pas proprement le capital ; il réside dans la *valeur* qu'elles ont ; de sorte qu'à parler avec la plus grande propriété, un capital est toujours d'une essence immatérielle, puisque ce n'est pas la matiere qui fait le capital, mais la *valeur* de cette matière, valeur qui n'a rien de corporel. » *Traité*, II, 454).

entrepreneur emploie à sa production les services qu'il achète, pourquoi la valeur de ces *services* ne formerait-elle pas une partie de son capital, puisque la valeur des *travaux d'industrie* qu'il achète en forme une partie, de l'aveu même de l'auteur? Mais lors même qu'on ne voit dans le capital que des *produits* nécessaires à la production, ceux qui sont immatériels en doivent-ils être exclus, par la raison qu'ils n'ont point de durée? Je n'insiste point sur la fausseté de cette opinion; j'admets avec M. Say que les services sont identiques avec leurs produits: mais du moment que les uns ou les autres sont nécessaires au producteur, et qu'il est obligé de les consommer pour produire, ne sont-ils pas un élément de son capital? Si la consommation des services est improductive, à cause de leur défaut de durée, pourquoi M. Say regarde-t-il la consommation du travail industriel comme productive (1)? Ce travail a-t-il plus de durée que l'autre ?

De même que, dans la doctrine de cet écrivain, les produits immatériels sont inutiles au capital, le capital à son tour est à peu près inutile à la production immatérielle. Tout ce que M. Say dit à ce sujet se réduit au principe suivant : » La plupart des produits immatériels » sont le résultat d'un talent; tout talent » suppose une étude préalable, et aucune

---

(1) « Le fabricant, en achetant le travail de l'ouvrier et en le consommant, consomme reproductivement une portion de son capital. » (*Traité*, II, 227).

» étude n'a pu avoir lieu sans des avan-
» ces (1). » Ainsi cet auteur s'imagine
que, pour créer des produits immatériels, il suffit d'avoir les facultés personnelles et acquises (ou, comme il
s'exprime très-vaguement, le talent)
que ce travail exige? C'est comme si
l'on supposait que, pour faire du drap,
il suffit d'avoir appris l'art d'en faire.
Quoi! ne faut-il pas des bâtiments aux
tribunaux comme aux écoles, des arsenaux et des forteresses à l'armée, des
vaisseaux, des chantiers et des ports à
la marine, des livres et des instruments
au savant, des drogues et des outils au
médecin? Le numéraire, les routes, les

---

(1) *Traité*, I, 126.

canaux, les moyens de transport, sont-ils moins utiles aux services qu'à l'industrie? Comment M. Say n'a-t-il pas été frappé de cette observation, qu'il faut être aveugle pour ne pas faire? Ou bien trouve-t-il que toutes ces valeurs ne sont point un capital lorsqu'elles sont employées à la production immatérielle? Ce serait convenir que les services ne sont point productifs, ou, comme M. Say s'exprimerait, qu'ils ne sont point des produits.

La partie de son ouvrage où l'auteur traite des *consommations* ne présente pas moins de contredits que les autres. Si les services sont un travail productif, comme M. Say le soutient, il s'ensuit que tout ce qu'ils consomment nécessai-

rement pour produire est consommé productivement: d'où vient donc que M. Say
relègue parmi les consommations improductives celles que fait le gouvernement
pour maintenir la sûreté extérieure et
intérieure, ou pour procurer au peuple
la jouissance d'un culte public? Les services des administrateurs, des juges,
des ecclésiastiques, seraient-ils moins
productifs que ceux des domestiques,
des portefaix et des courtisanes, ou
même destructifs, comme ceux des soldats (1)? ou bien l'auteur croit-il l'utilité de ces services si douteuse, qu'on
doive supposer que les peuples s'en pas-
seraient volontiers, s'ils n'étaient pas

____

(1) *Voyez* cette préface, page 10.

forcés à les accepter? Telle est appa-
remment l'idée que M. Say s'en forme,
du moins à en juger d'après l'indiffé-
rence, pour ne pas dire le mépris, avec
lequel il s'explique sur leurs résultats. Par
exemple, s'agit-il du *culte*, M. Say trouve
» que les nations éclairées pourraient
» s'en passer comme les habitants des îles
» de la mer Pacifique (1), » lesquels, au
reste, ont des idoles et des cérémonies
religieuses. S'agit-il de la *sécurité* ou du
gouvernement auquel on la doit, M. Say
pense « qu'une nation pourrait, à la ri-
» gueur, subsister sans gouvernement;
» chaque profession échangerait les fruits
» de son travail contre le produit en tra-

---

(1) *Cours*, III, 242.

» vail des autres (1). » Ailleurs il prétend
» que la sécurité n'est pas un besoin de
» première nécessité pour les peuples.
» Les Tartares et les Arabes errants, dit-
» il, se passent de magistrats qui pour-
» voient à leur sûreté (2). » Et leurs
cheiks, leurs cadis ?

Mais ne nous pressons pas de juger
les opinions de l'auteur sur ces incarta-
des, qui peut-être sont échappées à sa
plume dans un moment de mauvaise
humeur contre le gouvernement; dans
d'autres endroits de ses écrits, il professe
des principes entièrement opposés à

----

(1) *Cours*, I, 47.

(2) *Cours*, III, 242.

ceux-là. Il convient franchement « que » *l'industrie* d'un administrateur de la » chose publique, d'un juge, satisfait à » des besoins tellement nécessaires, que, » sans leurs travaux, nulle société ne » pourrait subsister(1). » Il va même plus loin: il blâme Smith d'avoir méconnu la faculté productive des services du gouvernement. « Son tort est, dit-il, d'avoir » appelé improductives les fonctions de » roi, de magistrat. Lorsque ces fonc— » tions sont bien remplies, ce que la so— » ciété *leur* paie(à qui? aux fonctions?) » est l'équivalent d'un véritable service » qu'ils rendent à la société (2). » Or,

____

(1) *Traité*, I, 122.

(2) *Cours*, I, 126.

puisque M. Say admet que les travaux du gouvernement sont productifs, il en conclut « que les valeurs qu'un gouver- » nement consomme pour maintenir la » sûreté publique et privée ne sont pas » des fonds qui se reproduisent (1); » et, en conséquence de ce principe, lorsque, dans son Traité, il parle des consomma- tions publiques, il les regarde comme faites en pure perte pour le revenu na- tional. Logique admirable ! mais qui se sent le courage de la suivre ?

Quand Smith soutient que les impôts, ainsi que tous les revenus fondés sur les impôts, sont dérivés des revenus créés

---

(1) *Cours,* I, 209.

par l'industrie, c'est une conséquence nécessaire de son principe fondamental, qu'il n'y a que l'industrie qui fournit des produits. Mais comment M. Say peut-il admettre cette conséquence, lui qui combat le principe d'où elle découle, et qui déclare formellement que Smith a tort d'envisager comme improductives les fonctions de roi et de magistrats? Comment cette doctrine s'accorde-t-elle avec des assertions telles que voici :

Qu'à moins qu'une opération de finance ne soit une entreprise d'industrie, elle ne peut donner au gouvernement que *ce qu'elle ôte aux particuliers* (1);

Que la valeur fournie par le contri-

____

(1) *Traité*, II, 335.

buable est livrée *gratuitement*, et que celui-ci ne reçoit *point de compensation* (1);

Que les contributions ne sont point un revenu, mais un *tribut* imposé sur le revenu (2) ;

Qu'elles sont des *fléaux* de la même espèce que la grêle, la gelée, la guerre, les déprédations (3);

Que sir Robert Hamilton a raison de les assimiler aux *vols* (4);

Qu'elles ont cet inconvénient *général,*

---

(1) *Traité*, II, 267 et 273, dans la note.

(2) *Traité*, II, 75, dans la note.

(3) *Traité*, II, 475.

(4) *Traité*, II, 267, dans la note.

d'appliquer les produits de la nation à des *usages peu favorables à son bonheur et à ses reproductions* (1); — ainsi qu'avec une foule d'autres axiomes de la même force et de la même vérité?

On voit, par ces citations, que M. Say ne se contente pas d'adopter toutes les conséquences d'un principe qu'il rejette, mais qu'il les pousse bien plus loin que l'auteur de ce principe ne l'a jamais fait : car, bien que Smith regarde comme une dépense *improductive* les frais qu'exige le gouvernement, il convient cependant que cette dépense

____

(1) *Traité*, II, 365.

c.

est *légitime* et *nécessaire* (1), tandis que M. Say la représente comme *illégitime* et *nuisible*, comme une spoliation du plus faible au profit du plus fort. Cette manière d'envisager le revenu public ne

-----

(1) *Rich. des nat.*, liv. V, chap. I, conclusion. Parmi les dépenses publiques que Smith croit légitimes et nécessaires, il comprend encore celles qui se font pour soutenir la dignité du souverain. « Dans une société opulente et in- » dustrieuse , dit-il, où toutes les classes du peuple vien- » nent de jour en jour à faire plus de dépenses dans leur » logement, dans leur mobilier, dans leur table, dans leurs » habits et dans tout leur train, comment le souverain seul » conserverait-il l'ancienne simplicité dans toutes ces choses? » Il en vient donc aussi naturellement, ou plutôt nécessai- » rement, à faire plus de dépenses dans chacun de ces » différents articles, et sa dignité semble lui prescrire d'en » agir ainsi. » Quel bon sens et quelle modération dans ce raisonnement!

peut guère surprendre de la part d'un écrivain qui soutient sérieusement que les peuples pourraient subsister sans gouvernement comme sans culte, et qui trouve que, si la protection du gouvernement est un avantage, c'en est un négatif dont on est peu touché (1); mais du moins l'auteur devrait-il être conséquent dans ses principes, et ne pas se contredire en enseignant que les services des fonctionnaires publics sont productifs, et que les dépenses du gouvernement sont justifiables lorsqu'il en résulte pour la nation un avantage égal aux sacrifices qu'elles lui coûtent (2).

----

(1) *Traité,* II, 366.

(2) *Traité,* II, 274.

Mais il est temps de finir cette analyse, pour ménager la patience du lecteur. Qu'il juge maintenant si M. Say est parvenu à fonder sur des bases solides la doctrine du revenu immatériel, et s'il lui convient de prendre le ton absolu et doctoral qu'il se permet avec ceux qui sont d'un autre avis que lui. Et ce n'est pas seulement sur cette matière que les principes de l'auteur se trouvent en défaut : dans presque chaque partie de la science (nous en citerons des exemples), il émet des opinions, ou très-exagérées, ou entièrement fausses; et toutes ces opinions, il les donne pour des principes incontestables, et il les soutient avec une prétention à l'infaillibilité qui s'irrite du moindre doute et de la moindre contradiction. Les erreurs à part, est-ce

là le moyen d'accréditer une science
nouvelle qui n'a déjà que trop de dé-
tracteurs?

Après ce que l'on vient de lire, on me
croira facilement, que ce n'est pas pour
suivre la doctrine de M. Say que j'ai
abandonné la mienne. Tout ce que nous
avons de commun, c'est de reconnaître
l'existence de valeurs immatérielles; encore ne sommes-nous pas tout-à-fait
d'accord sur ce point, puisque M. Say
les place dans les services utiles, et moi
dans leurs résultats. C'est au point de
départ même que nos routes se séparent;
et plus elles se prolongent, plus elles nous
écartent l'un de l'autre. Quel que soit le
caractère de mes opinions actuelles sur
cet objet important de la science, je ne

les ai empruntées à personne, et leur mérite ou leurs défauts ne peuvent être mis que sur mon propre compte. La marche de mes idées m'y a conduit graduellement, à travers quelques erreurs que je ne rougis pas d'avouer, parce que c'est la vérité que je cherche, et non pas la satisfaction de mon amour-propre.

Choqué, dès la première lecture de Smith, de la distinction qu'il établit entre deux espèces de travaux évidemment utiles toutes les deux, j'eus dès-lors de la répugnance à adopter cette distinction; mais je n'en avais pas moins à embrasser l'opinion de Garnier, qui conduit à supposer une multiplication de produits, partout où il y a une multiplication, peut-être inutile, de services;

ou celle de M. Say, qui aboutit à prouver que les services, quoique productifs, n'en sont pas moins stériles pour l'enrichissement des nations. Bientôt je reconnus que cette matière ne serait jamais éclaircie, tant que l'on confondrait ces travaux avec les résultats qu'ils produisent; mais, pour ranger ces résultats parmi les éléments du revenu, il faut prouver qu'ils ont de la valeur, et que cette valeur est susceptible d'être reproduite, lorsqu'elle se trouve consommée, par un travail productif. Or, comme les preuves de ces propositions me manquaient, j'étais réduit à revendiquer pour les services une participation indirecte à l'enrichissement des nations, à peu près dans le sens que les économistes de l'école française l'avaient accordée aux travaux des manufactures et du commerce. C'est cette doctrine que j'ai professée dans mon *Cours*. Depuis la publication de cet ouvrage, une méditation plus approfondie m'a fait apercevoir que la valeur des services s'attache à leurs effets, comme celle des travaux d'industrie s'attache à leurs produits matériels ; ainsi je ne puis hésiter davantage à reconnaître aux services une coopération directe à la formation et à l'accroissement du revenu national : c'est le principe que je tâche d'établir et de développer dans ces considérations.

Cependant, ce principe une fois reconnu, il faut aussi en reconnaître les conséquences, et dès lors plusieurs des propositions les plus essentielles de la doctrine de Smith s'en trouvent modifiées plus ou moins. Je me suis borné à montrer l'influence que ce principe exerce sur la théorie du capital et sur celle de l'emploi convenable du revenu superflu, parce qu'ici l'application est plus difficile qu'ailleurs; reste à l'étendre sur les autres parties de la science, partout où la nécessité s'en présentera.

. Un livre dans lequel on établit des principes contraires à une doctrine accréditée ne peut éviter de prendre une forme polémique; ainsi j'ai dû plaider contre Smith la cause des services, comme ce philosophe a plaidé contre Quesnay la cause de l'industrie des villes. Mais je crois m'être acquitté de ce devoir avec le calme et la modération dont ce grand écrivain m'avait laissé le modèle, et même avec les égards que son mérite éminent impose à tous ceux qui savent l'apprécier.

Au reste, bien que j'espère n'avoir pas inutilement travaillé pour la science, je suis loin de regarder mon travail comme une doctrine achevée. Eh! qui pourrait avoir cette présomption à l'égard de l'économie politique, lorsqu'on voit que Smith lui-même a laissé tant à faire à ses successeurs?

CONSIDÉRATIONS

SUR LA NATURE

DU

REVENU NATIONAL.

CHAPITRE I.

LES NOTIONS DE REVENU, DE FORTUNE ET DE RICHESSE SONT-ELLES LES MÊMES POUR LA NATION COMME POUR LES INDIVIDUS ?

I. Ce qu'un individu appelle ordinairement son *revenu annuel,* c'est *la somme d'argent* qui lui revient dans l'année. Il serait inutile de vouloir prouver, après Smith, que c'est plutôt la *somme des choses qu'il achète avec cet argent, et qu'il emploie à satisfaire ses besoins.*

II. Lorsque les choses sont propres à contenter nos besoins, et que nous y reconnaissons cette propriété, nous disons qu'elles sont *utiles*. Ainsi l'utilité des choses n'est pas moins fondée dans le jugement que nous en portons que dans leur propre nature ; car si une chose ne nous paraît pas convenable à la satisfaction de nos besoins, quelque propre qu'elle y soit, elle ne sera pas utile ; et réciproquement elle ne le sera pas non plus quand cette propriété lui manque, quelque disposés que nous soyons à l'y reconnaître.

III. Remarquons que l'économie politique se sert du mot *besoin* dans le sens le plus étendu, de manière qu'il exprime les besoins *factices* aussi bien que les besoins *réels*. Ainsi, lorsqu'il est question de *choses utiles*, ce terme comprend non seulement les choses qui nous sont *nécessaires* ou qui satisfont à nos besoins réels, mais encore celles dont nous pouvons nous passer ou qui contentent nos besoins factices. Ces dernières sont communément qualifiées d'a-

gréables, bien que ce mot ne désigne pas précisément ce qui est opposé au nécessaire. Nul
doute que les choses nécessaires ne soient plus
utiles que les autres ; mais l'épithète d'*inutile*
ne convient à aucune des choses qui servent à
la satisfaction de nos besoins, supposé toutefois que ceux-ci ne soient contraires ni à la raison ni à la morale.

IV. L'idée que les hommes se font de l'utilité des choses est en général bien plus raisonnable qu'on ne le croit ; seulement il ne faut
pas la juger sur le prix auquel les choses se
paient. Jamais un homme qui a son bon sens
ne donnera la préférence aux choses agréables
lorsqu'il manque de choses qui lui sont nécessaires ; mais quand il se trouve pourvu de ces
dernières au-delà de ce que requièrent ses besoins, il faut bien qu'il en échange le superflu
contre des choses non nécessaires, puisque autrement ce superflu lui deviendrait inutile. Ceci
explique comment il arrive que le prix des
choses les plus frivoles surpasse souvent de

beaucoup le prix des choses les plus nécessaires. Dira-t-on que le pauvre se refuse les choses agréables par la raison qu'il les trouve inutiles? Eh bien, de même aussi, lorsque le riche les paie plus cher que les choses nécessaires, ce n'est pas qu'il les trouve plus utiles, mais qu'il est déjà suffisamment pourvu de choses nécessaires, et que la production des objets agréables est en général plus difficile et plus coûteuse que celle des autres. On voit ce qui en est de cette assertion de M. Say, *que le prix des choses est la mesure de l'utilité qu'elles ont au jugement des hommes* (1). Plutôt que dans le prix cette mesure se découvrirait-elle peut-être dans le *profit* que laissent les prix, après en avoir déduit les frais de production; car l'expérience prouve qu'en général le profit est plus considérable et plus sûr dans la production des choses nécessaires que dans celle des choses agréables. Une livre d'or se vend beaucoup plus cher qu'une

____

(1) *Traité*, II, 506.

livre de fer; mais en général la production du fer donne des profits plus grands et plus sûrs que celle de l'or.

V. Ainsi le revenu national se compose de *choses utiles*. Qu'elles soient *immédiatement* utiles, comme les denrées qui servent à nourrir, vêtir, loger les hommes, ou qu'elles le soient *médiatement*, comme les matières premières, les outils et tous les objets dont on se sert pour produire, ceci n'y fait aucune différence. Le métier du tisserand fait partie du revenu national aussi bien que le drap qu'il sert à tisser; le blé récolté y appartient tout autant que le pain qu'on en prépare.

VI. Avant de quitter cette matière, il convient d'observer qu'en économie politique les choses utiles portent différents noms, suivant le point de vue sous lequel on les considère. C'est ainsi qu'elles sont appelées *besoins*, pour indiquer qu'elles en contentent; *éléments du revenu*, parce qu'elles le constituent; *produits*, relativement à leurs sources ; *capitaux,* lorsqu'elles deviennent des moyens de production ; *objets de consommation,* vu la destruction qu'entraîne leur usage ; *marchandises,* lorsqu'elles entrent dans le commerce ; *biens,* relativement à leur utilité ; *valeurs,* relativement à la valeur ou au prix qu'on leur attribue dans l'échange(1). Enfin

---

(1) Nous saisissons cette première occasion qui se présente pour observer que nous n'admettons qu'une seule espèce de *valeur,* savoir celle d'échange, le terme de *valeur d'usage* nous paraissant tout à fait superflu. En effet, qu'est-ce que la valeur d'usage, si ce n'est pas l'utilité des choses? or, s'il en est ainsi, le terme d'*utilité* suffit. Ceux qui admettent les deux espèces soutiennent que l'utilité des choses n'est que la propriété qu'elles ont de pouvoir servir aux besoins de l'homme, tandis que la *valeur* exprime une utilité reconnue. Cette subtilité n'a aucun fondement. Jamais une chose ne devient utile par la propriété seule qu'elle a de le devenir; il faut, pour cela, que cette propriété soit reconnue par ceux à qui la chose peut être utile (*Voyez,* ci-dessus, le § II).

Mais si le mot d'*utilité* suffit pour exprimer la valeur d'usage, celui de *prix* ne suffit-il pas également pour déon les appelle aussi quelquefois *richesse* , mais sans fondement , puisqu'il n'y a pas toujours de la richesse là où il y a des choses utiles. Il est ridicule de parler des richesses d'un peuple pauvre et barbare , ou d'appeler un pain d'avoine ou une paire de sabots des richesses.

VII. Le mot *fortune* exprime toujours une

---

signer la valeur d'échange? Il me semble que non ; car, bien que ces expressions soient synonymes, on ne saurait les employer indifféremment sans contrevenir à la langue. On dit, par exemple, que les choses ont une *valeur*, lorsqu'elles sont *troquées,* et qu'elles ont un *prix* lorsqu'elles sont *vendues,* c'est-à-dire échangées contre du numéraire. Même dans ce cas, le terme de *valeur* est employé lorsqu'il s'agit d'une évaluation présumée ; celui de *prix,* lorsqu'il est question d'un achat ou d'une vente : on ne parle pas du *prix* d'une chose qui n'est pas à vendre, mais de sa *valeur;* réciproquement, on ne s'informe pas de la valeur des denrées qui se vendent, mais de leur *prix.* Personne ne parle du *prix de l'argent,* car il n'y a que les choses vendables qui aient un prix, et le numéraire ne se vend pas, mais il achète ce qui est à vendre.

I.

source de revenu, jamais le revenu lui-même. Un particulier n'estime avoir de la fortune qu'autant qu'il est en possession d'une source de revenu qui le dispense de travailler s'il n'en a pas la volonté ou la faculté; d'une source transmissible et permanente qu'il puisse vendre, donner ou léguer à d'autres personnes. Une pareille source de revenu ne peut qu'être un *bien-fonds* et un *capital;* ainsi la fortune des individus se constitue toujours de la possession de l'un ou de l'autre.

VIII. On entend quelquefois dire que le *travail* est la *fortune du pauvre.* Comme figure oratoire, cette expression peut passer, mais l'économie politique ne devrait point s'en servir; l'immense différence qui subsiste entre ces deux espèces de propriétés, celle des *facultés personnelles,* qui donnent le pouvoir de travailler, et celle d'un *bien-fonds* ou d'un *capital,* qui donnent le pouvoir d'acheter le travail des autres, ne permet pas de les confondre sous un seul nom. L'une présente à son possesseur la possibilité de gagner un revenu, l'autre le lui procure immédiatement; en possédant l'une on n'est pas toujours à l'abri de mourir de faim, l'autre vous garantit au moins de la misère; l'une exige des peines pour en tirer un revenu, l'autre le donne gratuitement; l'une cesse d'exister avec son possesseur et même avant sa mort, l'autre n'a point de terme qu'on puisse assigner; l'une est intransmissible, l'autre peut se partager avec ceux qu'on aime; l'une vous rend dépendant, l'autre assure votre indépendance. Ces différences sont trop nombreuses et trop essentielles pour ne pas distinguer, même de nom, les sources de revenu auxquelles elles appartiennent.

IX. Or, si le mot *fortune* n'est applicable qu'aux sources de revenu dont la jouissance n'exige pas nécessairement le travail de ceux qui les possèdent, il est évident qu'il n'y a point de fortune nationale. En effet, comment les propriétaires fonciers et les capitalistes se trouvent-ils avoir un revenu sans travail? c'est en prêtant leurs fonds à d'autres individus qui leur en paient une rente. Or une nation pourrait-elle jamais prêter à d'autres nations tous ses biens-fonds et tous ses capitaux, et se constituer rentier, comme particulier ? Il nous paraît donc que le terme de *fortune nationale* est vicieux, et qu'en parlant de tout un peuple, il ne peut être question que des *sources de son revenu*. Celles-ci se bornent à la *nature* et au *travail de l'homme*. Il est vrai que le revenu lui-même peut devenir à son tour une source de revenu, s'il est employé comme *capital;* mais dans ce cas même il ne saurait être regardé comme une source primitive, puisque toujours il n'existe que par la nature et le travail, et qu'il ne devient productif que par l'action de ces causes.

X. La limite qui sépare la richesse de la pauvreté, c'est l'*aisance;* elle se constitue du nécessaire abondant. L'idée de la *richesse individuelle* paraît être liée à celle de la *fortune*, et non du revenu. On ne dit pas d'un homme

qu'il est riche lorsqu'il ne possède aucune fortune, quelque considérable que puisse être
son revenu; un pareil revenu est précaire,
lors même qu'il ne dérive pas du travail de
celui qui en jouit; et l'idée de la richesse ren-
ferme toujours celle d'un revenu permanent,
et qui donne de l'indépendance.

XI. Quant à la *richesse nationale*, c'est tout
le contraire : elle consiste exclusivement dans
le *revenu*, puisqu'une nation n'a point de fortune. Mais les revenus d'une nation se composent des revenus de tous ses membres, et
ceux-ci sont sujets à de grandes différences.
Sur quelle classe des revenus particuliers ju-
gera-t-on celui de la nation ? La réponse ne saurait être douteuse, c'est sur la classe dans laquelle se rangent les revenus de la pluralité
des individus. Ainsi un petit nombre de fortunes colossales prouve aussi peu pour la richesse d'une nation, qu'un nombre circonscrit
de gens misérables ne prouve pour sa pauvreté.
Mais comme la richesse ne saurait jamais être

le partage du grand nombre, nous dirons qu'une nation est riche quand l'aisance de ses membres l'emporte en général sur la misère, et qu'elle est pauvre quand la misère est plus générale que l'aisance.

XII. On voit par ces observations qu'il n'est pas exact de dire que la *richesse* nationale est l'objet de l'économie politique : cette science s'applique également à découvrir les causes de la *misère* des peuples ; et comme une nation est riche ou pauvre, suivant que son revenu est abondant ou chétif, c'est ce *revenu* qui constitue le véritable objet de la science. On voit encore que cette science qui s'occupe du revenu national devrait être appelée l'*économie nationale ;* mais c'est aux écrivains français à donner dans leur langue l'exemple d'une innovation raisonnable qui s'est déjà opérée dans la langue allemande.

CHAPITRE II.

QUELS SONT LES ÉLÉMENTS DU REVENU NATIONAL DONT
S'OCCUPE L'ÉCONOMIE POLITIQUE, ET SOUS QUEL POINT
DE VUE DOIT-ELLE LES CONSIDÉRER ?

I. S'il est vrai, comme on ne saurait le contester, que le revenu d'une nation comprend tous les objets qu'elle consomme pour satisfaire ses besoins, il s'ensuit qu'il n'est nullement nécessaire qu'une chose soit *vendable* pour former un élément de ce revenu : il suffit qu'elle soit *utile*. Mais l'économie publique peut-elle s'occuper de tous les éléments du revenu, ou ne faut-il pas plutôt qu'elle se borne exclusivement à la considération des *valeurs ?* Il nous semble que les observations suivantes suffisent pour résoudre cette question fondamentale.

II. La production, la consommation et la distribution du revenu national, voilà les phénomènes que cette science s'attache à expliquer. Or tout le monde sait qu'il est impossible de produire des choses utiles sans en consommer ou détruire en même temps : ainsi, pour juger s'il y a réellement production, il importe de comparer les objets produits avec ceux qui sont consommés ; et cette comparaison ne peut se faire que sur leur utilité, ou sur leur valeur.

III. Elle se fait sur l'*utilité* des objets, toutes les fois qu'un individu n'en produit que pour ses propres besoins. Alors, s'il trouve que les choses qu'il a produites lui sont plus utiles que celles qu'il a consommées pour produire, il s'est enrichi ; de même que, dans la supposition contraire, il s'est appauvri. Chez les nations incultes, tout le monde est dans ce cas ; chacun n'ayant que peu de besoins, il lui est possible de les satisfaire tous par son propre travail.

IV. Mais à mesure que les besoins d'un peuple se multiplient, ceci devient toujours plus difficile ; en conséquence, chaque individu se borne à la production d'un petit nombre d'objets, d'un seul s'il le peut, et il tâche d'en échanger le superflu contre les objets que les autres produisent. De cette manière, chacun produit infiniment plus pour les besoins des autres que pour les siens, chacun devient une espèce de marchand ; et dès lors ce n'est plus sur l'utilité des choses, mais sur leur *prix* que la comparaison se fait. Quelque peu utile que soit un produit, et quelque utiles que soient les choses qu'on sacrifie pour le créer, le producteur fait un gain, du moment que le prix du produit surpasse le prix des choses consommées pour produire ; comme, dans la supposition contraire, il fait une perte. C'est sur ce calcul que se règle l'activité de chaque producteur, conséquemment tout l'œuvre de la *production* du revenu national, et même la plus grande partie de la *consommation* nationale, savoir celle qui se fait pour produire. Quant à la *distribution* du revenu, comme elle s'opère par les échanges, il est clair qu'elle se règle également sur les prix.

V. On voit que l'économie publique ne peut rendre compte de ces phénomènes qu'en envisageant *comme valeurs* les produits dont se compose le revenu national. Sans doute qu'il en serait autrement si chacun ne produisait que pour ses propres besoins; mais, dans cette hypothèse, la science de l'économie politique serait inutile, puisque d'un côté il n'y aurait pas lieu à une distribution de produits, et que de l'autre la production et la consommation présenteraient des phénomènes si simples qu'ils n'auraient guère besoin d'explication. Ainsi l'économie politique n'est véritablement une science qu'autant qu'elle considère le revenu national comme étant composé de choses vénales, de valeurs ; et conséquemment elle ne peut regarder comme éléments de ce revenu que les choses qui ont régulièrement de la valeur.

VI. Mais doit-elle se borner à n'y considérer que la valeur? L'*utilité* des produits est-elle un objet tout-à-fait étranger à la science? Voilà une autre question , non moins essentielle , et que nous ne pouvons guère affirmer, bien que Smith en ait donné l'exemple. Si l'économie publique s'occupe du revenu privé , ce n'est qu'autant qu'il est indispensable pour expliquer le revenu national, lequel forme son unique et véritable objet. Or le revenu d'une nation ne se mesure pas, comme celui de ses membres, sur le *prix* de ses produits, mais sur leur *diversité*, comme sur la *quantité* et la *qualité* de ceux de chaque espèce ; et il peut fort bien arriver que la somme des prix de son produit annuel diminue dans le temps même où ce produit s'améliore sous tous ces rapports, comme il peut aussi arriver que cette somme augmente lorsque le produit annuel se détériore. Si un particulier se trouve avoir un plus grand revenu quand le prix de ses produits monte , c'est qu'il les vend ; mais une nation consomme elle-même ses produits , et conséquemment son revenu ne peut être censé avoir augmenté que *lorsqu'il la met en état de contenter plus de besoins, et ceux-ci plus amplement et plus convenablement.* C'est tout-à-fait la situation d'un individu qui produit pour ses propres besoins. Le seul cas où le revenu d'une nation est déterminé par le prix de ses produits, c'est lorsqu'elle en vend une partie à d'autres nations ; car suivant que le prix de ses marchandises d'exportation hausse ou baisse, la même quantité de ces marchandises lui procure une quantité plus forte ou plus faible de marchandises étrangères, ce qui la met en état de contenter plus de besoins, ou la force d'en avoir moins. Mais ce qu'une nation vend aux étrangers ne fait toujours que la plus petite partie de son produit annuel.

VII. En résumant ces observations, on trouvera qu'elles donnent les résultats suivants :

1° Dans une société où chacun produit plus pour les besoins des autres que pour les siens, il faut que les produits soient vendus par leurs producteurs et achetés par leurs consommateurs, pour former le revenu des uns et des autres. Ainsi le revenu annuel d'une nation n'est pas la somme des produits *créés* dans l'année, mais celle des produits *vendus* dans l'année, y compris ceux que les producteurs ont créés pour leurs propres besoins.

2° Les produits vendables qui constituent le revenu national doivent être considérés dans l'économie politique de deux manières différentes : relativement aux *individus*, comme des *valeurs ;* et relativement à la *nation,* comme des *biens :* car le revenu d'une nation ne s'apprécie pas comme celui d'un individu, d'après sa valeur, mais d'après son utilité ou d'après les besoins auxquels il peut satisfaire.

L'influence de ces principes se fera remarquer davantage à mesure que nous avancerons. C'est pour les avoir méconnus que Smith s'est laissé entraîner à quelques opinions évidemment fausses, et qui cependant jouent un grand rôle dans sa théorie ; nous en fournirons des preuves dans la suite.

CHAPITRE III.

LE REVENU NATIONAL COMPREND-IL DES ÉLÉMENTS IMMATÉRIELS ?

I. Si l'on est convenu du principe que le revenu se compose, non pas de pièces de monnaie, mais de choses consommables (1), la question proposée, si difficile en apparence, est réellement très facile à résoudre : chacun n'a qu'à regarder ses registres de dépense, il y trouvera qu'il consomme annuellement une foule de choses immatérielles. En effet, les objets matériels sont loin de satisfaire à tous les besoins de l'homme : il ne lui suffit pas d'être nourri, vêtu, logé, meublé, même dans la plus grande abondance et avec la plus grande recherche ;

---

(1) *Voyez* chap. I, § 1.

il ne lui suffit pas d'être pourvu des matériaux
et des outils qui lui sont nécessaires pour se
procurer toutes ces choses : il sent encore la
nécessité de voir sa personne et sa propriété
protégées contre toutes les atteintes; il a le besoin d'être soigné dans son enfance, secouru
dans ses maladies; il est stimulé par le désir de
développer ses facultés naturelles, d'acquérir
des talents et des connaissances ; il aime à nourrir sa sensibilité, à l'élever et à la sanctifier en
participant à un culte public; il veut jouir des
avantages et des agréments de la correspondance et des voyages; il veut pouvoir se déchar-
ger sur des agents domestiques de ses affaires
privées, qui le distraient ou l'ennuient; enfin il
aspire à une foule de commodités, de plaisirs
et de jouissances qui n'ont rien de matériel,
bien que souvent ils ne servent qu'à satisfaire
une vanité puérile ou une sensualité raffinée.
Ces objets immatériels de ses besoins réels ou
factices, peut-on les exclure de son revenu ou
de celui d'une nation? Résultats du travail humain, ne sont-ils pas des *produits?* convoités

par ceux qui en sentent le besoin, ne sont-ils pas *utiles ?* créés par les uns et recherchés par les autres, ne sont-ils pas des *valeurs ?*

II. Quant aux deux premières qualifications, nous ne nous attendons pas à les voir contestées; mais la troisième pourrait sembler douteuse. Ce sont les *services,* dira-t-on, qui se vendent et s'achètent, et non pas leurs effets; quand les premiers sont fournis et payés, l'échange est accompli, et il le serait même lorsque les effets manqueraient. Une seule observation suffit pour détruire ce raisonnement : c'est que, si les effets continuaient à manquer, les services cesseraient d'être demandés; ainsi, quoique en apparence ce soient les services qu'on demande et qu'on achète, dans la réalité ce sont leurs produits. Que ces produits soient souvent fort incertains, qui le niera? mais les produits de la chasse, de la pêche, de l'agriculture, du commerce, sont-ils moins incertains? Dira-t-on que ces travaux ne donnent point de produits parce que tel jour ou à telle

époque ils n'en ont point donné? Enfin est-ce
une idée nouvelle que d'attribuer de la valeur
aux résultats des services? cette idée ne se re-
trouve-t-elle pas dans une foule d'expressions
populaires? Lorsqu'il s'agit des *frais* de l'éducation, des *dépenses* pour le culte public; lorsqu'on dit que tel talent *coûte* fort peu à celui
qui le possède, que tel peuple *paie* fort cher la
sécurité dont il jouit, l'*éducation*, le *culte*, les
talents acquis, la *sécurité*, tous ces résultats immatériels des services ne sont-ils pas reconnus
pour des valeurs, pour des produits vendables?
et ces expressions ne sont-elles pas dans la
bouche de tout le monde? Au reste, il n'y a nul
inconvénient à désigner les produits immatériels par les services qui les créent, pourvu
qu'on se garde de les confondre. Nous faisons
cette remarque afin qu'on ne nous accuse pas
de contradiction lorsque, pour être plus con-
cis, nous userons quelquefois de cette liberté.

III. Ainsi rien n'empêche de ranger les produits immatériels parmi les éléments du revenu

2.

national, et conséquemment il faut les y ranger, sous peine de se faire une idée fausse de ce revenu. Il est vrai que Smith les en exclut, et que l'opinion d'un tel maître est une grande autorité; mais en fait de raisonnement, ce n'est pas le nom d'un écrivain, quelque respectable qu'il soit, ce sont ses preuves qui décident : or, voyons celles que Smith nous fournit.

IV. D'après sa doctrine, trois circonstances, outre la *valeur*, doivent concourir pour former un produit : 1° que l'objet ait de la *durée*, 2° qu'il soit *susceptible d'accumulation*, et 3° qu'il puisse *se revendre* après avoir été acheté(1). Or, comme il ne voit aucun de ces caractères dans les résultats des services, il est tout naturel

---

(1) *Richesses des nations*, liv. II, chap. III (Vol. II, p. 1-3). Je cite les volumes et les pages d'après la septième édition anglaise, Londres, 1793.

qu'il ne peut pas y trouver des produits (1). Cependant, supposé que ces caractères soient indispensables pour constituer des produits, ce que nous pourrions encore contester, les effets des services en sont-ils réellement dépourvus, comme Smith le prétend? Il n'allègue rien pour prouver cette assertion, et nous croyons pouvoir démontrer le contraire.

V. Lorsqu'il s'agit de la *durée* d'un produit immatériel, cette expression ne peut signifier que l'intervalle de temps qui s'écoule entre l'époque où le service productif est rendu et celle où le consommateur sent le besoin de se faire

---

(1) L'idée de les chercher dans les services eux-mêmes, ainsi que font MM. Garnier et Say, ne pouvait guère venir à Smith, qui regarde le travail constamment comme une cause productive, et jamais comme un produit. Ce n'est pas la faculté d'avoir des effets utiles que Smith conteste aux services, c'est celle d'en avoir qui soient durables, susceptibles d'accumulation et qui puissent se revendre.

rendre le même service de nouveau, car c'est alors seulement que le produit peut être regardé comme entièrement consommé. Or, en appliquant cette mesure aux effets des services, on trouvera que la plupart d'entre eux ont réellement plus ou moins de durée, tout comme les produits matériels de l'industrie. Un spectacle est-il moins durable qu'un repas, lorsque l'on contente pour plusieurs jours ou pour plusieurs semaines le désir qu'on a de cet amusement, tandis que l'autre ne satisfait que pour quelques heures le besoin qu'on a de se rassasier? Le résultat du travail d'un médecin qui a guéri son malade, ou d'un avocat qui a sauvé la fortune de son client, a-t-il moins de durée pour ceux-ci que les meubles ou les habits que leur fournissent les artisans. et les marchands? L'instruction qu'un individu a reçue de ses maîtres ou de ses professeurs, ne la conserve-t-il pas durant toute sa vie, comme il conserve le produit du travail des maçons et des charpentiers qu'il a employés à la construction de sa demeure? La paix qu'une nation vient de conclure avec ses ennemis, n'assure-t-elle pas sa sûreté extérieure pour un temps plus ou moins long, tout comme ses digues et ses écluses la garantissent des inondations de la mer, jusqu'au moment où les flots les renversent de nouveau? Ces exemples, qu'il est aisé de multiplier, prouvent assez que les effets des services ne manquent nullement de durée; peut-être même surpassent-ils sous ce rapport la plupart des produits matériels, si l'on en excepte ceux qui sont composés de matières minérales. Sans doute que plusieurs de ces effets sont tellement éphémères qu'ils exigent une reproduction continue, mais la même observation n'est-elle pas applicable à un grand nombre d'objets de consommation matérielle? Si vous êtes obligés d'avoir constamment à votre service le laquais et le cocher qui vous épargnent du temps et qui vous procurent des commodités, n'êtes-vous pas dans le même cas à l'égard du jardinier qui soigne votre potager, ou du cuisinier qui prépare votre nourriture?

VI. De même que les produits immatériels sont durables, ils sont encore *susceptibles d'accumulation*, et ils le sont indépendamment de leur durée. C'est une erreur de croire qu'il n'y a que les produits durables qui puissent s'accumuler : ceux ci, à la vérité, présentent plus de facilité pour cela, mais cette circonstance n'exclut pas les autres. Par rapport à une nation, *accumuler* c'est *multiplier;* elle n'accumule pas ses produits en les entassant inutilement, comme un avare entasse ses écus, mais en les consommant pour en produire davantage. Ainsi, durables ou non, tous les produits s'accumulent, pourvu qu'ils soient consommés de manière à se reproduire avec augmentation. Dans un pays industrieux, les denrées alimentaires ne s'accumulent pas moins que les constructions, bien que les unes soient consommées dans l'année, et que les autres puissent durer des siècles. On voit que les produits immatériels n'auraient point de durée, qu'ils seraient encore susceptibles d'accumulation, et conséquemment, on est d'autant moins fondé à leur contester cette propriété. En effet, qui oserait nier que l'état sanitaire d'un peuple puisse s'améliorer, que ses procédés mécaniques, son goût dans les beaux-arts, ses lumières, ses connaissances scientifiques, sa sécurité, ses plaisirs et ses jouissances immatérielles, puissent s'accroître et se multiplier? Les Européens d'aujourd'hui ne sont-ils pas mieux pourvus de toutes ces choses que leurs ancêtres du quinzième siècle?

VII. Enfin, les produits des services ne sont pas seulement durables et susceptibles d'accumulation, *ils peuvent encore se revendre*, si l'on entend par cette expression la faculté qu'ils donnent à l'acheteur de regagner la dépense qu'il a faite pour les acheter. Veut-on s'en convaincre : voilà un jeune homme qui s'est formé pour un métier, et qui, à cet effet, a fait un apprentissage ou des études qu'il a dû payer à ses maîtres ; le prix de leurs services, est-ce une valeur que le jeune homme a perdue sans retour ? nullement, car, à moins qu'il ne fasse une exception à la règle, cette valeur lui est remplacée à mesure qu'il emploie ses facultés acquises, produits de ses services, à produire à son tour des choses qu'il puisse vendre. Or, de même que la valeur de l'instruction qu'il a reçue, celle de toutes ses autres consommations immatérielles lui est restituée dans la règle, pourvu qu'elles soient faites d'une manière productive (1).

VIII. On pourrait objecter qu'ici les produits qui se vendent ne sont pas les mêmes qu'on avait achetés, mais d'autres qui ont exigé une nouvelle production. J'en conviens, mais je dois observer que les produits matériels ne se revendent pas autrement, tant que les possesseurs les emploient à la production. Voyez les subsistances, les matériaux, les outils, tous les objets que le cultivateur ou que l'artisan achète

---

(1) Le développement de ce principe trouvera sa place dans les chapitres qui traiteront du capital.

pour produire : comment leur prix se rembour-
se-t-il? est-ce par la vente de ces mêmes objets,
ou par celle des produits qu'ils ont servi à créer?
Le commerçant lui-même , quoiqu'il revende
identiquement les objets qu'il achète, ne fait-il
pas toujours un travail, n'opère-t-il pas toujours
une nouvelle production, et encore une des plus
compliquées et des plus difficiles? Lorsqu'au
contraire un produit matériel est consommé
improductivement par son possesseur, celui-ci
ne peut plus en retirer le prix qu'il lui avait
coûté. Il s'ensuit que le seul cas où il soit possible de revendre un objet matériel sans y appliquer un travail ultérieur, c'est lorsque le
possesseur renonce à l'employer, soit à la production, soit à la consommation : telle est la
revente qui se fait de maisons qu'on ne veut
plus habiter, de meubles ou d'habits dont on
ne veut plus se servir. Une pareille revente, il
est vrai , ne peut avoir lieu que par rapport
aux produits matériels ; mais fait-elle un objet
de l'économie politique? puisque cette science
s'occupe du commerce, s'occupe-t-elle aussi de

la friperie? Celui qui revend un produit qu'il ne veut plus employer substitue à sa place un autre producteur ou un autre consommateur; or ce n'est pas de l'individu qu'il s'agit, mais de la production et de la consommation, n'importe par qui elle se fait.

IX. On voit que les résultats des services remplissent toutes les conditions que Smith exige d'un produit, et que, d'après son propre système, il a tort de les exclure des éléments du revenu. Comment ces preuves ont-elles échappé à sa pénétration? N'en reconnaît-il pas lui-même la validité, en rangeant les *talents acquis* parmi les éléments du capital? « L'acqui-
» sition de ces talents, dit-il, coûte toujours une
» dépense, à cause de l'entretien de celui qui
» les acquiert, pendant le temps de son éduca-
» tion, de son apprentissage ou de ses études ;
» et cette dépense est un capital fixé et réalisé,
» pour ainsi dire, dans sa personne. Si ces talents
» composent une partie de sa fortune, ils com-
» posent pareillement une partie de la fortune

» de la société à laquelle il appartient. La dex-
» térité perfectionnée, dans un ouvrier, peut
» être considérée sous le même point de vue
» qu'une machine ou un instrument de métier
» qui facilite et abrège le travail, et qui, mal-
» gré la dépense qu'il a coûté, restitue cette
» dépense avec un profit (1). » Voilà donc au
moins les *talents acquis* formellement reconnus
comme *une partie de la fortune des nations*, ou,
pour parler avec plus de justesse, comme une
partie de leur revenu. Mais pourquoi cette
seule espèce de facultés humaines serait-elle
comptée parmi les éléments du revenu national,
tandis que les autres n'en diffèrent en rien?
Enfin, pourquoi tous les résultats des services
ne se rangeraient-ils pas sous cette catégorie,
pourvu qu'ils eussent les mêmes caractères pour
lesquels nous y rangeons les produits matériels ?

---

(1) *Richesses aes nations,* livre II, chapitre 1 (Vol. I,
pag. 447)

Il est bien à regretter que Smith ne se soit pas fait ces questions, son génie lui en aurait probablement dévoilé des conséquences dont nous ne nous apercevons pas.

X. Quoique les produits immatériels ne soient vendables que lorsque les producteurs et les consommateurs sont des personnes différentes, cependant le revenu annuel comprend encore les objets de cette espèce que chacun produit pour sa propre consommation. De même qu'il serait absurde d'exclure du revenu matériel les denrées qu'une personne produit pour s'en nourrir ou s'en vêtir elle-même, il ne le serait pas moins de rejeter du revenu immatériel les connaissances qu'un individu se procure sans le secours d'autrui et pour sa propre satisfaction. Toutefois la plupart des objets immatériels sont nécessairement produits par les uns et consommés par les autres : personne ne peut se passer des services d'autrui pour jouir de la sécurité, pour conserver sa santé dès sa naissance, pour acquérir certains talents ou certaines connaissances, pour participer au culte public, et ainsi du reste.

XI. Les produits immatériels ne sont pas seulement les résultats du *travail*, ils sont encore celui de la *nature* et des *capitaux*. Si jusqu'ici nous les avons considérés exclusivement sous le premier rapport, c'est que le travail en est la source principale, et qu'ils ne sont vendables que par lui. Dans cette production la *nature* agit tantôt seule, tantôt en coopérant avec le travail, exactement comme dans la production matérielle. Toutes les facultés naturelles d'un individu ne sont-elles pas autant de produits spontanés de la nature, semblables à ceux que fournit un sol inculte? Et si ces facultés se perfectionnent par la culture qu'on leur donne, la nature ne coopère-t-elle pas à cet effet, tout comme dans la culture de la terre? L'art et les soins du médecin, que produiraient-ils sans le secours de la nature? La sûreté extérieure d'un peuple n'est-elle pas souvent le résultat de sa position insulaire ou des montagnes qui défendent ses frontières, comme elle l'est aussi des travaux de ses soldats et de ses ingénieurs? Si le lecteur veut se donner la peine de multiplier ces exemples, il trouvera que, parmi les objets immatériels qui sont recherchés, il en existe peu qui ne soient les produits de la nature autant que du travail. Quant à la part que les *capitaux* prennent à cette production, il en sera parlé lorsque nous examinerons cette branche importante du revenu national.

CHAPITRE IV.

QU'EST-CE QUE LE TRAVAIL PRODUCTIF?

I. Comme Smith ne reconnaît d'autres produits que ceux qui sont matériels, il ne peut
trouver productifs que les travaux qui concourent, soit médiatement, soit immédiatement, à fournir de pareils produits. Vouloir
l'attaquer sur ce point serait se méprendre
sur l'objet de la question, la conséquence est
juste; c'est l'erreur du principe qu'il faut démontrer. Mais la notion que Smith nous a
donnée du travail productif est-elle bonne dans
le sens même de sa théorie? voilà ce qui vaut
la peine d'être examiné.

II. L'école de Quesnay n'avait admis d'autre
travail productif que celui de *l'agriculture*.
Smith, en voulant étendre cette notion à *l'in-*

dustrie en général, était obligé de chercher un caractère qui fût commun aux trois branches qui la composent. Il trouva ce caractère dans la *valeur* qu'elles donnent aux produits matériels ; car, bien que les manufactures se bornent à modifier les matières que leur fournit l'agriculture, et que le commerce se borne à les déplacer, le prix des marchandises ne comprend pas moins la valeur de ces deux espèces de travaux que celle du travail agricole. Par cette heureuse idée, Smith fut conduit à perfectionner la notion du travail productif ; car s'il est indispensable, pour qu'un travail soit productif, que sa valeur se reproduise dans les objets matériels sur lesquels il s'exerce, il s'ensuit qu'il devient improductif s'il ne la reproduit pas en entier.

III. Cependant la valeur du travail, c'est la valeur de ses consommations nécessaires, ou ce qu'il doit dépenser pour pouvoir s'exécuter. Les travaux de l'industrie ne peuvent se faire sans consommer une foule de produits immatériels pour lesquels il faut payer des services, et la valeur de ces consommations entre pareillement dans le prix de ces travaux, et leur est également remboursée par la vente de leurs produits matériels. Reconnaître cette vérité eût été faire l'aveu que les services aussi sont productifs, du moins médiatement, par le moyen du travail industriel, et lorsqu'ils lui deviennent utiles. Ainsi, pour être conséquent dans son système, Smith admet qu'il suffit au travail productif de reproduire la valeur de ses *consommations matérielles* seulement (1). Mais un producteur qui ne gagnerait plus de quoi payer les services nécessaires à sa production

---

(1) Le capital, dans le sens de Smith, ne comprend que des *objets matériels,* à l'exception des facultés acquises du travailleur, lesquelles pourtant il n'y fait entrer qu'en considération des frais que coûte l'*entretien* de l'élève, non pas son éducation ; or, cet entretien se constitue encore exclusivement d'objets matériels. *Voyez* le passage de Smith que nous avons cité plus haut, chap. III, §

ne ferait-il pas banqueroute, tout comme s'il ne gagnait plus de quoi payer ses ouvriers, ou de quoi acheter des outils et des matériaux? Ainsi cette restriction, à laquelle Smith se voit forcé pour sauver son principe, rend sa notion du travail productif essentiellement défectueuse, lors même qu'on la considère dans le sens de ce principe.

IV. Néanmoins Smith ne s'arrête pas là : il ne prétend pas seulement que le travail industriel est productif, pourvu qu'il reproduise la valeur de ses consommations matérielles ; il soutient même que, pour l'être, ce travail n'a nullement besoin de reproduire la valeur des objets que le travailleur consomme pour sa subsistance. Quoi! le travail de l'*entrepreneur* serait productif, lorsqu'il suffirait seulement pour remplacer la valeur des usines, des ateliers, des matériaux, des outils, et qu'il laisserait mourir de faim le producteur lui-même? Quoi! le travail de l'*ouvrier* serait improductif, puisqu'il n'a d'autre valeur à reproduire que celle de sa subsistance personnelle? Ce n'est certainement pas ce que Smith a voulu dire, et voilà ce qu'il dit néanmoins lorsqu'il exclut soigneusement du capital tous les objets que le travailleur consomme pour sa subsistance (1); car qu'est-ce que le capital, si ce n'est pas la masse des choses consommables dont la valeur doit nécessairement être reproduite pour que le travail qui les consomme puisse être appelé productif? Nous indiquerons plus tard la raison qui peut avoir déterminé Smith à poser des limites si étroites aux consommations reproductives; observons seulement qu'il les recule lui-même sans y penser, en convenant, comme nous l'avons vu, que le travail de l'homme fait reproduit la dépense de son entretien comme élève.

V. Enfin, puisque Smith ne considère dans les produits que la *valeur*, le travail qui re-

---

(1) *Rich. des nat.*, liv. II, chap. I. (Vol. I, pag. 414).

produit le plus de valeur par-dessus celle qu'il a consommée est aussi à ses yeux le plus productif. Cette manière de juger les travaux est bonne lorsqu'il s'agit des individus; mais peut-on l'appliquer aux travaux d'une nation? Sous le point de vue de l'intérêt général, le travail le plus *utile* n'est-il pas aussi le plus productif? Ou nous nous trompons, ou cette question se trouve déjà résolue dans le chapitre II, auquel nous renvoyons nos lecteurs (1).

VI. Essayons maintenant de fixer la notion du travail productif, non pas en l'adaptant à un système quelconque, mais en la fondant sur l'analyse de ses éléments. Le caractère essentiel d'un pareil travail est *de reproduire ce qu'il doit nécessairement consommer* : s'il produit au-delà, tant mieux, mais ceci n'est pas une condition essentielle; s'il produit moins, il devient improductif ou stérile.

---

(1) *Voyez* les §§ 6 et 7 de ce chapitre.

VII. Ainsi, lorsqu'il s'agit d'un individu qui travaille exclusivement pour ses propres besoins, son travail lui est productif, du moment qu'il lui fournit de quoi subsister; et il devient improductif pour lui, du moment qu'il cesse de lui fournir sa subsistance indispensable. C'est aussi le cas d'une nation à l'égard de tout ce qu'elle produit pour sa propre consommation, c'est à-dire à l'égard de la très majeure partie de son produit annuel.

VIII. Mais quand les individus travaillent les uns pour les autres, ils achètent les choses qu'ils consomment, et ils vendent celles qu'ils produisent; conséquemment il ne s'agit plus pour eux de reproduire les *choses* qu'ils consomment, mais leur *valeur* seulement. Ainsi, dans une société commerçante, où chacun produit infiniment plus pour les besoins des autres que pour les siens, le travail d'un individu ne lui est productif qu'autant qu'il peut vendre ce qu'il produit pour la valeur de ce qu'il a dû consommer pour produire :

c'est pareillement le cas d'une nation, mais seulement à l'égard des produits qu'elle échange contre ceux des autres nations, c'est-à-dire à l'égard de la moindre partie de son produit annuel.

IX. L'économie publique ne peut appeler *productif* que *le travail qui l'est pour la nation autant que pour les individus;* or, ces deux choses ne vont pas toujours ensemble. Un travail qui est productif pour l'individu qui le fait, peut ne pas l'être pour la nation chez laquelle il se fait. Si un individu a le pouvoir de forcer les autres à lui acheter ses produits et à lui en payer le prix qu'il veut, un travail qui, sans cela, ne serait jamais demandé, ou dont le produit se vendrait avec perte, peut devenir productif pour l'individu qui le fait ; mais le bon sens nous dit qu'il ne le serait point pour la nation. Ainsi, pour juger si un travail quelconque est productif, dans le sens de l'économie politique, il ne suffit pas de voir qu'il se soutient et qu'il ne cause point de pertes aux individus qui le font, il faut encore examiner *si la demande de ses produits est volontaire, et si le prix en est réglé de gré à gré, sous l'égide d'une concurrence libre.* Dans ce sens, par exemple, le travail que fait un gouvernement ou qu'il fait faire, ne peut être jugé productif qu'autant que sa valeur est remboursée au gouvernement par des impositions librement consenties, ou dont on peut raisonnablement supposer qu'elles le seraient si la nation était appelée à concourir à leur fixation. Pour la concurrence, comme elle est impossible dans ce cas-ci, elle doit être exclue de la considération. De même, le travail d'un particulier ou d'une corporation quelconque ne peut être regardé comme productif qu'autant qu'il se soutient sans privilége, car autrement il pourrait se soutenir aux dépens des consommateurs.

X. Mais cette restriction seule ne suffit pas pour distinguer le véritable travail productif. *Tout travail qui devient inutile pour atteindre son but cesse d'être productif,* fût-il même demandé volontairement. Si dans un pays la justice peut être administrée tout aussi bien avec la moitié des fonctionnaires qu'on y emploie, l'autre moitié fait un travail improductif, lors même que les sommes pour l'entretien de ces fonctionnaires seraient librement accordées par le peuple.

XI. Enfin, un travail peut remplacer la valeur de ce qu'il consomme nécessairement; il peut être librement demandé, indispensable pour fournir le produit qu'on en attend : *s'il se fait aux dépens d'autres travaux plus nécessaires, il devient improductif,* malgré tous ces signes de son utilité. Si dans un pays les distillateurs d'eau-de-vie employaient tant de grains à cette fabrication qu'il n'en restât pas assez pour nourrir de pain toute la population, ou si la culture de la garance ou du tabac s'étendait aux dépens de la culture du blé, de manière que la subsistance du peuple en devînt dépendante de l'importation étrangère, le travail employé à la distillation des eaux-de-vie et à la culture de la garance ou du tabac en serait improductif, en raison de la quantité de blé qu'il enlèverait à l'approvisionnement nécessaire de cet aliment. Il en serait de même du travail des domestiques, si ceux que les gens riches emploient pour la commodité ou pour l'ostentation rendaient leurs services si chers, que les gens moins aisés ne pourraient plus se procurer les domestiques qui leur sont nécessaires. Au reste, lorsqu'un travail a tous les autres caractères d'un travail productif, la circonstance de servir à la satisfaction d'un besoin frivole ne le rend nullement improductif, pourvu qu'il ne devienne pas nuisible aux travaux qui sont plus nécessaires que lui. Tant que la fabrication des eaux-de-vie ou la culture du tabac ne diminue point la quantité de blé nécessaire à la subsistance des habitants, ces industries sont réellement productives; et tant que les domestiques de luxe ne diminuent point le nombre de ceux dont on a un besoin indispensable, leurs services sont également productifs.

XII. Si l'on voulait définir le travail productif dans le sens de Smith (car lui-même il n'en
a point donné de définition exacte), on dirait
que c'est *le travail qui reproduit en objets matériels la valeur de ceux qu'il consomme sans satisfaire à aucun besoin personnel*. D'après cette
notion, il n'y a d'autres travaux productifs que
ceux de l'agriculture, des manufactures et du
commerce, bien entendu cependant que les
objets qu'ils produisent soient librement demandés, et que leur prix soit réglé par la concurrence. Dans le sens des principes que nous
venons de développer, le travail productif n'est
pas celui de telles professions à l'exclusion de
telles autres, mais c'est *le travail qui remplace
au travailleur la valeur de tout ce qu'il doit nécessairement consommer pour produire, et qui,
en donnant un revenu à l'individu qui le fait, ne
diminue pas celui de la société où il se fait*. Si
ces caractères se trouvent réunis dans le travail d'un laquais ou d'un joueur de gobelets,
nous l'appelons productif, du même droit que
Smith appelle ainsi le travail qui fournit la li-

rée galonnée du premier ou l'escamote du
econd. Mais nous trouvons aussi que les tra-
aux sont plus ou moins productifs en raison
le leur utilité, tandis que dans la doctrine de
mith, le travail le moins utile peut être le plus
roductif, s'il donne les plus grands profits.
Voilà deux notions bien différentes; c'est au
ecteur à choisir.

CHAPITRE V.

QU'EST-CE QUE LA DÉPENSE NATIONALE?

I. Puisque le *revenu* d'une nation se compose de ses *produits*, la *consommation* de ces produits doit constituer sa *dépense* (1). Un produit quelconque est consommé, du moment qu'il doit être reproduit pour contenter le même besoin. Comme cette notion est applicable à tous les produits, quelle que soit leur nature, on ne sera pas surpris de nous enten-

---

(1) M. Say observe que *dépenser* et *consommer* ne signifient pas la même chose, puisqu'un objet pour lequel on a fait une dépense conserve quelquefois sa valeur, et peut être revendu par celui qui l'a acheté (*Traité*, II, 224). Mais, sans vouloir alléguer qu'il n'y a que les objets matériels qui puissent se revendre ainsi, et parmi eux les objets seulement dont l'emploi n'entraîne pas une destruction immédiate, la revente ou le remplacement d'un consomma-

dre parler de la consommation même des produits immatériels.

II. Le revenu et la dépense d'un peuple se trouvent dans une réaction perpétuelle, de sorte que la dépense devient à son tour une condition nécessaire du revenu, de même que le revenu a été une condition nécessaire de la dépense. Dans une société où la division du travail s'est généralement répandue, chaque producteur tire son revenu de la vente de son produit, c'est-à-dire de la dépense de quelques autres personnes; donc, si ces derniers ne faisaient point de dépenses, le premier n'aurait point de revenu. Or, si la production immatérielle est comptée pour une production, comme

---

teur par un autre, change - t - elle quelque chose à la destination de l'objet? le produit voué à la consommation ne reste-t-il pas voué à la consommation malgré la revente? C'est donc par rapport aux individus seulement, que *dépenser* et *consommer* ne signifient pas toujours la même chose : par rapport à la nation, ces expressions sont parfaitement synonymes.

elle doit l'être, de tous les membres d'une société, il n'y a d'improductifs que ceux qui subsistent uniquement, soit des rentes de leurs terres et de leurs capitaux, soit de pensions, d'aumônes ou de spoliations : tous les autres sont producteurs et consommateurs en même temps ; chacun produit ce que d'autres consomment, et il consomme ce que d'autres produisent. Ainsi, plus chacun produit et dépense, plus le revenu de tous s'accroît ; les simples consommateurs mêmes, pourvu que leurs revenus soient légitimes, ne deviennent pas moins utiles par leurs dépenses que les autres, puisqu'ils créent pareillement des revenus pour les producteurs des objets qu'ils consomment. Ce n'est pas ici le lieu de développer ce principe, assez généralement contesté ; mais la suite de nos recherches nous en fournira l'occasion.

III. Les consommations ou les dépenses se rangent sous deux espèces, les unes étant *reproductives*, les autres *improductives*. Les premières comprennent toutes celles que le producteur est obligé de faire pour produire, et qui lui sont régulièrement remboursées par le prix de ses produits; toutes les autres sont im-productives, fussent-elles faites même par des producteurs. Ce que le *travail improductif* con-somme n'est pas moins une dépense improduc-tive que ce que la *fainéantise* consomme; et il en est de même des consommations *non néces-saires* du travail productif.

IV. On voit que les consommations repro-ductives ne sont pas proprement des dépenses, mais seulement des *avances,* puisqu'elles sont remboursées à ceux qui les font. De là vient que, lorsqu'on parle de *dépenses,* sans les dé-signer davantage, on entend communément celles qui sont improductives. C'est dans ce sens que Smith dit : « Ce qui est annuellement » *épargné* (pour être employé productivement), » est aussi régulièrement consommé que ce qui » est annuellement *dépensé* (1). » Ici le mot *dé-*

----

(1) « What is annually *saved* is as regularly consumed as

4

penser ne comprend que les dépenses improductives, parmi lesquelles Smith compte aussi celles qui se font pour des objets immatériels, tandis que le mot *consommer* embrasse les deux significations. Or, puisqu'aucune chose ne saurait être consommée sans avoir été produite, comment Smith convient-il que les objets immatériels se consomment, lui qui nie qu'ils se produisent? Voilà de ces contradictions auxquelles on s'expose en établissant un principe arbitraire; pour peu qu'on le perde de vue, on est toujours ramené vers celui qui se trouve fondé dans la nature des choses.

V. Quant à l'idée que Smith nous donne de la consommation reproductive, on sait déjà qu'il la borne aux consommations matérielles que font les travailleurs, qu'il appelle exclusivement productifs, et qu'il en excepte encore les consommations qu'ils font immédiatement

----

« what is annually *spent.* » (*Rich. des nat.,* liv. II, chap. III; vol. II, pag. 14).

pour leur subsistance personnelle. Comme l'insuffisance de cette notion vient d'être démontrée (1), et que nous serons obligés d'y revenir, il est inutile de nous y arrêter ici.

VI. Les produits qui sont les objets de la consommation reproductive forment la partie la plus importante du *capital* d'une nation (2), lequel pourrait aussi s'appeler son *revenu productif;* ceux qui lui restent au-delà, et qu'elle peut consommer improductivement sans s'appauvrir pour la suite, constituent son *revenu net* ou son *revenu* dans le sens le plus strict. Passons à l'analyse de ces notions.

------

(1) *Voy.* chap. IV, §§ 3 et 4.

(2) Je dis *sa partie la plus importante,* non sa totalité, car les *marchandises* ou les produits que le commerçant achète pour les revendre, ne sont point consommées par lui, ni productivement ni improductivement; toutefois elles font partie du capital, puisque c'est sur elles que s'exerce le travail productif du commerçant.

CHAPITRE VI.

L'IDÉE DU CAPITAL INDIVIDUEL EST-ELLE APPLICABLE SANS RESTRICTION AU CAPITAL NATIONAL?

I. A proprement parler, le *capital* n'est autre chose qu'un revenu employé à créer un revenu ultérieur. Cette notion est applicable au capital d'une nation comme à celui d'un individu ; mais les lecteurs qui croiraient retrouver dans les premiers tous les caractères du second risqueraient de s'en faire une idée absolument fausse. Deux circonstances générales les distinguent, et elles font naître plusieurs différences particulières.

II. La première de ces circonstances, c'est que l'individu peut prêter son capital à d'autres, et vivre comme rentier, ce qui est impossible à une nation. Il n'y a guère que les nations

.es plus riches qui soient en état de prêter aux autres, encore n'est-ce jamais que la portion la plus insignifiante de leur capital : donc cette exception ne détruit pas la règle.

III. Voici les différences particulières qui résultent de cette circonstance :

1° Le capital national étant toujours employé par la nation elle-même, il ne lui donne jamais de revenu que par son travail. Le capital individuel pouvant être prêté, son possesseur en retire souvent un' revenu qui ne lui coûte aucun travail. L'un n'est donc qu'un *revenu* que le travail de la nation transforme en une source de revenu ; l'autre est une *fortune* pour qui le possède (1). L'un a constamment besoin d'être reproduit ; l'autre présente au capitaliste une jouissance non interrompue dont on ne saurait assigner le terme.

----

(1) *Voy*. chap. i, §§ 7, 8, 9.

2° Le capital national ne donne un revenu à la nation qu'autant qu'il est employé à produire; l'autre peut ne pas l'être, et pourtant donner un revenu au particulier qui le possède. Prêté à d'autres individus, et consommé infructueusement par eux, il n'en reste pas moins un capital productif pour son possesseur, tant que les intérêts lui sont payés et qu'il se voit remboursé du principal au terme convenu.

3° Enfin, par une conséquence de ce qui vient d'être dit, le capital national comprend les facultés naturelles et acquises des producteurs; la notion du capital individuel les exclut. Quelque bien pourvu qu'un producteur se trouve de pareilles facultés, et quelque grand que soit le revenu qu'il en tire, ce serait renverser toutes les idées reçues que de vouloir l'appeler un *capitaliste*, s'il ne possède pas, outre ce capital *personnel* et inaliénable, un autre composé de valeurs transmissibles. Relativement aux individus, l'idée du *capital* est constamment liée à celle de la *fortune*; or, les facultés personnelles ne sont point une fortune pour ceux qui les possèdent. A l'égard de la nation, c'est le contraire; ainsi rien n'empêche de considérer ces facultés comme une portion du capital national.

IV. La seconde circonstance générale n'est pas moins remarquable que la première. Par rapport à la nation, le caractère essentiel du capital, c'est l'*utilité* des produits qui le constituent; pour l'individu, c'est leur *valeur*. Cette différence s'étend au point que, pour les particuliers qui n'emploient pas eux-mêmes leurs capitaux, les produits ne sont rien, et la valeur est tout; pour la nation, au contraire, les produits sont tout, et la valeur n'est rien, à moins qu'elle n'ait prêté une portion de son capital aux étrangers, et qu'il ne s'agisse de cette portion.

V. Cette circonstance fait naître les différences suivantes :

1° Le capital national étant composé de *pro-*

duits, il doit être nécessairement *consommé* pour se reproduire ; l'autre, lorsqu'il se constitue d'une simple *valeur*, doit être *épargné* pour se former, et il doit être *conservé* pour durer. L'individu n'est pas forcé de consommer tout son revenu ; il peut en épargner une partie, la prêter à d'autres et leur en abandonner la consommation. Il en est autrement d'une nation : elle est réduite à consommer elle-même son revenu, et à le consommer tout entier, puisque, dans la supposition contraire, sa production surpasserait sa consommation, c'est-à-dire qu'elle créerait des produits dont personne ne voudrait. Lorsqu'une nation fait des épargnes, c'est pour en prêter la valeur aux étrangers ; encore faut-il qu'elle consomme le revenu ultérieur ou la rente qu'elle en retire, à moins qu'elle ne veuille aussi prêter ce revenu, si elle en trouve l'occasion.

2° Le capital national n'étant apprécié que d'après *l'utilité* des produits dont il se compose, on ne saurait le regarder comme remplacé qu'autant qu'il a créé un nouveau revenu

égal au précédent sous le rapport de la diversité, de la quantité et de la qualité des produits; le capital de l'individu, au contraire,
étant apprécié d'après sa *valeur*, se trouve déjà
reproduire pourvu que la valeur le soit, les
produits fussent-ils inférieurs sous tous les rapports à ceux qui ont été consommés (1).

VI. On voit que les deux espèces de capitaux n'offrent jamais une analogie parfaite. De
tous les capitaux individuels, celui qui ressemble le plus au capital national, c'est le capital
que possède un entrepreneur. Employé par
le capitaliste lui-même, le revenu que celui-ci
en retire est dû à son travail et à la direction
productive qu'il lui donne; d'ailleurs un pareil
capital consiste en produits, et il ne se reproduit et ne s'augmente qu'étant consommé. Voilà ce qu'il a de commun avec le capital national;

____

(1) *Voy*. chap. II, § 6.

mais les dissemblances sont plus essentielles. Le capital d'un entrepreneur est toujours une fortune pour son possesseur ; celui-ci peut cesser de l'employer quand il le juge à propos ; il peut le prêter à d'autres et se contenter d'être rentier : or, dès lors on n'est plus sûr que le capital conserve sa destination productive. De plus, un pareil capital, lors même qu'il a cette destination, n'est jamais apprécié que d'après sa valeur ; ainsi l'entrepreneur le trouve remplacé pourvu que sa valeur soit rétablie, ce qui peut avoir lieu dans le cas même où la reproduction serait inférieure à la consommation, sous le rapport de la quantité, de la qualité et de la diversité des produits. Or, si le capital d'un entrepreneur ressemble si peu à celui d'une nation, qu'on juge de la différence qui subsiste entre ce dernier et le capital d'un rentier : ce n'est que le nom qu'ils ont de commun.

VII. Quand on a fait ces observations, il est difficile d'être d'accord avec Smith, lorsqu'il soutient que le capital d'une nation est le *même* que celui de ses membres (1); proposition que cet écrivain est obligé de restreindre lui-même, qui le rend souvent obscur, et d'où naissent plusieurs contradictions apparentes. C'est ainsi, par exemple, qu'il représente le capital national, tantôt comme un fonds qui ne se forme que par l'épargne et l'accumulation (2), et tantôt comme un fonds qui se consomme régulièrement dans le même espace de temps que celui qui est voué à la consommation improductive (3). Ces deux propositions sont également vraies; mais la première doit être entendue du capital de l'individu, et la seconde du capital de la nation.

---

(1) « The general stock of any country or society is the « same with that of all its inhabitants or members. » (*Rich. des nat.*, liv. II, chap. 1; vol. I, pag. 414).

(2) Liv. II, chap. i, (vol. 1, pag. 410).

(3) Liv. II, chap. iii, (vol. II, pag. 14).

CHAPITRE VII.

ANALYSE DU CAPITAL NATIONAL, SUIVANT SMITH.

I. Les produits qui constituent le *capital* d'une nation se trouvent rangés par Smith sous deux grandes divisions, qu'il appelle le *capital fixe* et le *capital circulant* (1). Pour tirer un revenu du premier, il faut que le producteur le garde et qu'il lui conserve son emploi; pour en tirer du second, il faut qu'il le revende, soit sous la même forme, soit sous celle d'un autre produit(2). Comme cette distinction est fondée dans la nature des choses, il importe de la conserver, d'autant plus que le capital fixe se

---

(1) *Rich. des nat.*, liv. II, chap. I.

(2) Sur cette dernière espèce de revente, *voy*. plus haut le chap. III, les §§ 7 et 8.

remplace d'une autre manière que le capital circulant.

II. Les produits que Smith comprend sous le nom de *capital fixe*, il les range dans quatre classes, savoir, 1° les *machines utiles et instruments de métier* qui facilitent et abrégent le travail; 2° les *constructions utiles*, à l'exception des maisons d'habitation; 3° les *améliorations des terres;* et 4° les *talents utiles*, acquis par les producteurs. Tous ces objets ne forment des éléments du capital qu'autant qu'ils sont employés par l'*industrie* à fournir des *produits matériels ;* car Smith déclare nettement qu'il n'y a que quatre emplois productifs pour le capital : l'agriculture, les manufactures, le commerce en gros et le commerce en détail (1); tout fonds qui n'est pas employé dans quelqu'une de ces quatre occupations, n'est plus un capital, mais un fonds improductif. Comme nous examinons

______

(1) *Rich. des nat.*, liv. II, chap. v. (vol. II, pag. 46).

ici la doctrine de Smith dans le sens de son principe, nous n'insistons point sur le défaut de
cette notion ; mais il nous reste d'autres observations à faire. Pourquoi l'auteur confond-il le
capital qui est immédiatement nécessaire au
producteur, avec celui qui est immédiatement
nécessaire à la production, tandis que l'un dif-
fère si essentiellement de l'autre? Pourquoi
borne-t-il le premier aux *talents* (abilities), et
aux talents *acquis* (1)? Les connaissances, les
lumières, le goût, la probité même d'un homme
industrieux, ne deviennent-ils pas productifs,
aussi bien que sa dextérité? les simples facultés naturelles ne le sont-elles pas de même? Enfin, pourquoi l'auteur place-t-il la *valeur* du
capital personnel ou les frais qu'exige l'éducation du producteur dans les frais de son *entretien* seulement? les *soins* dont l'enfant est l'objet,
l'instruction qu'il reçoit, n'occasionnent-ils au-

---

(1) Le passage de Smith que nous critiquons ici se trouve
rapporté plus haut, chap. III, § 9.

cune dépense? ou cette dépense ne se remplace-
t-elle pas également par le travail de l'homme
fait, comme la dépense de son entretien pendant son enfance? L'auteur lui-même ne dit-il
pas dans un autre endroit: « On doit s'attendre
» que la besogne qu'un homme s'instruit à
» faire lui rendra, outre les salaires du simple
» travail, de quoi lui rembourser *tous les frais*
» *de son éducation*, avec au moins les profits or-
» dinaires d'un capital de la même valeur (1)? »

III. Quant au *capital circulant*, Smith n'y
comprend proprement que les *monnaies* et les
marchandises. Celles ci, à la vérité, se trouvent
rangées sous trois espèces, suivant qu'elles con-
sistent en *vivres*, en *matière* et en *produits complétement achevés;* mais comme tous ces objets
ne tiennent leur place qu'autant qu'ils sont
destinés à être *vendus* par leurs producteurs ou

______

(1) *Rich. des nat.*, liv. I, chap. x. (vol. I, pag. 154).

par les marchands qui en font le trafic, ne doit-
on pas conclure que Smith les considère sim-
plement comme des *marchandises*, et qu'il les
exclut du capital aussitôt qu'ils passent dans
les mains d'autres producteurs qui leur donnent un *emploi* productif, soit comme subsistances, pour soutenir leur vie et leur travail,
soit comme *matières* destinées à être transfor-
mées en d'autres produits vendables? A l'égard
des *matières*, cette exclusion peut être douteuse; ainsi nous n'y insistons point, regret-
tant toutefois que l'auteur ne se soit pas
expliqué plus clairement. Mais quant aux
subsistances, son opinion s'est prononcée de
manière à ne pas s'y méprendre, puisqu'il les
range expressément sous la catégorie du fonds
improductif ou de consommation. « Le carac-
» tère distinctif de ce fonds est, dit-il, de ne
» point rapporter de revenu ou de profit. Il
» consiste dans cette masse de vivres, d'habits,
» de meubles de ménage, etc., qui ont été
» achetés par leurs consommateurs, mais qui
» ne sont pas encore entièrement consommés.

» Les maisons de pure habitation en font aussi
» partie (1). »

IV. Ainsi, quel que soit l'usage qu'on fasse
des objets compris sous le nom de *subsistances*,
qu'ils soient employés à soutenir la vie d'un
producteur laborieux, ou qu'ils servent à procurer des jouissances frivoles à un sybarite
fainéant, Smith signale leur consommation toujours comme improductive. Nous avons déjà
montré combien cette notion est contraire à
celle du travail productif (2); c'est ici le lieu de
prouver qu'elle ne s'accorde pas davantage avec
l'idée du capital. En effet, si le capital comprend tous les objets dont la consommation est
nécessaire pour produire, et dont, par conséquent, la valeur doit être remboursée au producteur par ceux qui lui achètent ses produits,

---

(1) *Rich. des nat.*, liv. II, chap. i. (Vol. I, pag. 414).

(2) *Voy.* chap. iv, § 4.

5

comment les *subsistances* ne tiendraient-elles pas la première place parmi ses éléments? Qu'est-ce qui crée le capital, qu'est-ce qui le rend productif, si ce n'est pas le travail? Or le travail ne suppose-t-il pas l'existence du travailleur? Si l'on convient que la machine à vapeur consomme reproductivement le charbon qui alimente son mouvement, peut-on soutenir qu'il n'en est pas de même à l'égard des denrées qui alimentent les facultés de l'homme et leur activité? Enfin la valeur des subsistances indispensables que consomme le producteur ne lui est-elle pas restituée tout aussi régulièrement que celle des autres objets qui forment son capital? Si elle ne l'était pas, de quoi vivraient les producteurs qui n'ont que leur travail pour ressource?

V. Le raisonnement que Smith emploie pour prévenir cette dernière objection me paraît, je l'avoue, tellement obscur que je n'y comprends rien. « La dépense, dit-il, que le con-
» sommateur fait pour sa subsistance doit, tou-

» jours être tirée de quelque autre revenu qui
» lui vient, ou de son travail, ou d'un capital,
» ou d'une terre (1). » Si le travail ne figurait pas
dans cette proposition, le sens en serait facile
à saisir ; car les personnes qui ne travaillent pas
doivent tirer leur subsistance, soit de quelque
autre revenu qui leur appartient, des rentes de
leurs capitaux ou de leurs terres, soit du revenu de quelque autre personne, comme de
pensions, d'aumônes, etc. Mais Smith y ajoute
le revenu provenant du travail, et c'est ce qui
rend sa pensée tout-à-fait obscure, pour moi
du moins. Peut-être a-t-il voulu dire : toutes
les autres avances que le producteur fait pour

---

(1) A la lettre, Smith ne parle ici que de la dépense
qui se fait pour le logement ; mais c'est pour donner un
exemple qui peut s'appliquer à tous les objets de consommation personnelle. Voici le texte : « As a house itself can pro-
» duce nothing, the tenant must always pay the rent out of
» some other revenue, wich he derives either from labour, or
» stock, or land. »

5.

produire lui sont nécessairement et régulièrement restituées, et c'est pour cela que je les
comprends dans le *capital;* celles au contraire
qu'il fait pour son entretien ne lui sont remboursées qu'accidentellement : ainsi , lorsqu'elles le sont, je les regarde comme les *profits*
de son travail. Si c'est là le sens de cette proposition , nous abandonnons au lecteur de juger
laquelle de ces deux espèces d'avances est celle
qu'il importe le plus au producteur de voir restituée, et qui, en conséquence, le sera le plus régulièrement. Si celle des subsistances ne l'était
pas , le remplacement des autres suffirait-il
pour faire continuer la production? Lorsque le
prix des souliers ne rembourse au cordonnier
que la valeur des matières et des outils, sans
rien laisser pour sa subsistance, ira-t-il acheter
du cuir ou du pain (1) ?

---

(1) M. Say , qui adhère à la thèse de Smith que nous
venons de combattre , a senti la nécessité de la justifier
par d'autres raisons. « Dans l'échange du travail, dit-il,

VI. Il serait difficile de s'expliquer comment Smith a pu embrasser une opinion si visiblement erronée, si l'on ne s'apercevait pas qu'il y a été entraîné par le préjugé vulgaire des producteurs, qui ne regardent comme leur *capital* que les avances qu'ils font immédiatement pour produire, croyant subsister du *profit* que leur rapporte l'emploi de ce capital. Comme les consommations personnelles du producteur com-

---

» contre le salaire ou les denrées qu'il sert à acheter, il
» s'agit de deux consommations, et non pas d'une seule. L'en-
» trepreneur consomme reproductivement le travail de l'ou-
» vrier ; celui-ci consomme improductivement les denrées
» qu'il achète avec son salaire. » (*Traité*, II, 227). On
voit que, dans ce raisonnement, comme partout, M. Say
part du principe que le travail ne fournit pas seulement
des produits, mais qu'il est lui-même un produit consommable; principe vraiment absurde, puisqu'il en résulte qu'une
nation aurait deux fois le même revenu, d'abord dans son
travail, et puis dans les produits de son travail. Mais supposons qu'il y eût ici deux consommations différentes, s'ensuit-il
que l'une d'elles serait improductive? Ne seraient-elles pas

prennent celles qu'il fait lui-même et celles
que fait sa famille, celles qui lui sont indispensables et celles dont il peut se passer, ce serait
trop exiger de lui que de vouloir qu'il fît une
distinction rigoureuse ; mais la même indul-
gence ne peut pas s'étendre à ceux qui veulent
approfondir la nature des différents revenus.
Au reste, Smith s'est réfuté lui-même en enseignant « qu'aucun travail ne peut se faire, à

---

improductives toutes les deux? Si l'entrepreneur est remboursé de la première par la vente de ses *produits*, l'ouvrier
ne l'est-il pas également de la seconde par la vente de son
travail? D'ailleurs M. Say ne range-t-il pas, parmi les éléments du capital, « les produits qui doivent fournir à l'en-
» tretien de l'homme industrieux (I, 23)? » N'observe-t-il
pas « qu'en général les produits de première nécessité sont
» consommés reproductivement (II, 353)? » N'appelle-t-il
pas le pain : « une matière brute, qui, par l'élaboration
» des ouvriers, est transformée en marchandises d'une va-
» leur supérieure aux valeurs consommées (*Ibid.*) » Comment accorder toutes ces propositions avec la thèse qu'il dé-
fend?

» moins que le travailleur ne soit pourvu d'un
» fonds de denrées amassé d'avance *pour le*
» *faire subsister* et lui fournir en outre les ma-
» tières et les instruments nécessaires à son ou-
» vrage », et en appelant ce fonds de *subsis-*
stance, de matière et d'outils, un *capital* (1).
D'ailleurs, n'admet-il pas que la valeur même
de tout ce que le producteur consomme pour
son entretien pendant le temps de son éducation, est un capital (2)? Si les consommations
personnelles du *producteur futur* sont un capital, à plus forte raison celles du *producteur ac-*
tuel doivent-elles l'être. La valeur de ces dernières lui est régulièrement restituée, tandis
que celle des autres ne l'est pas toujours, et
qu'elle ne l'est jamais que moyennant celles-là.

VII. Comme Smith exclut du capital les *sub-*

---

(1) *Rich. des nat.*, liv. II, introd. (Vol. I, pag. 408).

(2) *Voy.* le passage cité, chap. III, § 9.

sistances, on ne doit guère s'attendre qu'il y comprendra les *produits immatériels*. En effet, loin de convenir que les services puissent être profitables aux producteurs, il les regarde comme ruineux pour eux. L'exemple qu'il cite à l'appui de cette thèse ne laisse pas que d'être spécieux. « Un particulier, dit-il, s'enrichit à » entretenir une multitude d'ouvriers fabri- » cants ; il s'appauvrit à entretenir une multi- » tude de domestiques (1). » Nous disons que cet exemple est mal choisi, puisque, s'il est possible à un entrepreneur d'employer utile- ment un grand nombre d'ouvriers, il ne peut employer de cette manière qu'un très petit nombre de domestiques. Mais Smith paraît supposer qu'un entrepreneur ne saurait nour- rir aucun domestique sans s'appauvrir à pro- portion. Cette idée est-elle juste ? ne doit-on pas admettre, au contraire , qu'un fabricant

---

(1) *Rich. des nat.*, liv. II, chap. III. (Vol. II, pag. 2).

s'enrichit par le travail des domestiqnes qui lui sont réellement nécessaires , tout comme il s'enrichit par le travail de ses ouvriers? Si ces derniers coopèrent directement à sa production, les autres n'y concourent-ils pas indirectement, lorsqu'ils le délivrent d'une foule d'occupations fastidieuses qui l'empêcheraient de produire? Qu'on aille demander aux entrepreneurs les plus âpres au gain, s'ils consentiraient à se charger de la besogne de leurs valets et de leurs servantes , afin d'épargner les salaires qu'ils leur paient! Mais pourquoi Smith va-t-il chercher son exemple parmi les services les moins utiles à la prodution? Les producteurs ne consomment-ils pas une foule de services outre ceux de leurs domestiques? n'emploient-ils pas des surveillants, des caissiers, des écrivains, des commis subalternes? ne profitent-ils pas, pour leur correspondance, du service de la poste aux lettres; pour leurs voyages, de celui des voitures publiques et des auberges? ne doivent-ils pas recourir au médecin quand ils sont malades, à l'avocat quand

ils ont des affaires en justice? n'ont-ils pas constamment besoin des services du gouvernement
pour se procurer la sûreté de leurs personnes
et de leurs propriétés? Pourquoi Smith se tait-
il sur tous ces services ? Leurs résultats ne
sont-ils pas consommés tout aussi productivement que les matériaux et les outils dont le
producteur se sert? et la valeur des résultats
ne lui est-elle pas restituée tout aussi régulièrement que la valeur de ces matériaux et
de ces outils?

VIII. Telles sont les observations que la théo
rie de Smith nous présente, lorsque nous admettons avec lui que la notion du capital se
borne aux seuls objets dont la valeur se reproduit *par l'industrie.* Mais cette notion n'est-elle
pas évidemment trop étroite, et Smith lui-même
n'en convient-il pas en montrant que *les services
aussi peuvent reproduire la valeur de leurs consommations ?* Oui, voilà ce qu'il soutient et ce
qu'il prouve en plus d'un endroit de son livre,
surtout.dans le chapitre où il parle des inéga-

lités qui ont lieu dans les salaires et les profits des différentes professions. Là il dit qu'une des causes principales de cette inégalité se trouve dans la différence des frais qu'il en coûte pour se former à ces professions; frais qui constituent un capital dont le remplacement est de toute nécessité pour maintenir ces professions et pour faire continuer le travail qui s'y fait. Puis il ajoute : « L'éducation étant bien plus » dispendieuse dans les professions libérales que » dans les autres, la récompense pécuniaire des » personnes qui exercent ces professions, celle » des artistes, des gens de lois, des médecins, etc., » doit être beaucoup plus forte que celle des » ouvriers mécaniques , *et aussi l'est-elle* (1)! » Voilà un aveu bien formel de ce fait, que les fonds se remplacent par les services aussi bien que par l'industrie; et ce fait suffit pour constater le caractère de capital à l'égard de *tous*

---

(1) *Rich. des nat.*, liv. I, chap. x. (Vol. I, pag. 156).

les fonds que les services consomment nécessairement dans leur production.

IX. En effet, si l'on convient, comme Smith le fait ici, que la valeur placée dans l'éducation d'un jeune homme se reproduit dans la règle par les services dont il peut s'acquitter moyennant cette éducation, ne faut-il pas aussi convenir que la valeur de son entretien, de ses ustensiles de métier, ainsi que de toutes les autres choses qui lui sont indispensables pour s'en acquitter, se reproduit également et avec la même certitude pour l'individu? L'expérience démentit-elle cette conclusion? Au contraire, elle la confirme. Dans la règle, un professeur, un avocat ou un musicien ne retrouve pas moins dans son revenu annuel la compensation de tout ce qu'il a dû dépenser dans l'année pour vaquer à sa profession, qu'un cultivateur, un artisan ou un commerçant n'y retrouve le remplacement des avances qu'il a dû faire pour vaquer à la sienne. Qu'un fonds soit employé à faire aller un pensionnat ou une ferme, un théâtre ou une manufacture, un bureau de notaire ou une boutique, dans la règle, ce fonds se remplace tout aussi bien dans celles de ces entreprises qui fournissent des résultats immatériels que dans celles qui fournissent des denrées. Si les capitaux qui sont employés dans la production immatérielle paraissent se reproduire *moins régulièrement* que les autres, c'est que, dans cette production, on prend souvent pour un capital ce qui n'est qu'un fonds improductif; mais en distinguant l'une de l'autre ces deux espèces de fonds, on sera bientôt convaincu du contraire. Ainsi, lorsqu'un avocat, par exemple, outre les dépenses pour ses études en droit, en fait d'autres pour acquérir des connaissances et des talents d'agrément, et que les premières dépenses seules lui sont restituées par son travail d'avocat, on n'est pas fondé à dire qu'une partie de son capital personnel est restée sans remplacement, car ce capital se constitue exclusivement des avances qu'il a faites pour ses études en droit. La même observation est applicable

à la dépense qu'un professeur fait en livres : on
ne peut regarder comme un capital que la valeur de ceux qui lui sont nécessaires pour la
science qu'il enseigne ; s'il se ruine en achetant
des ouvrages dont il peut se passer, ce n'est
pas que cette portion de son capital ne lui ait
été remboursée. En un mot, le capital ne comprend jamais que les avances qui sont strictement nécessaires pour produire ; et lorsqu'on
ne perd point de vue ce principe, et qu'on est
attentif à soustraire de la dépense de chaque
producteur, surtout de sa dépense personnelle,
tout ce qui est superflu, il est impossible de
ne pas se convaincre que les capitaux employés
par les services, non seulement se remplacent,
mais se remplacent aussi régulièrement que
ceux qui font aller l'industrie. Nous en appelons à l'observation de tous nos lecteurs, pour
juger où les banqueroutes sont plus fréquentes,
dans les professions libérales, ou parmi les
cultivateurs, les manufacturiers et les com-
merçants.

X. Il est vrai qu'il existe des fonds utiles aux services, à l'égard desquels il paraît difficile de juger s'ils font partie du capital, bien qu'ils soient régulièrement remplacés : ce sont *ceux qu'emploie le gouvernement.* La raison en est que le remplacement de ces fonds est obtenu par l'autorité, c'est-à-dire que le gouvernement, au lieu d'attendre que ses services lui soient demandés par ses administrés, leur prescrit, et le choix de ceux qu'ils doivent acheter, et le prix auquel ils doivent les payer. Mais ces circonstances se retrouvent-elles partout? ne disparaissent-elles pas dans les pays constitutionnels, où l'administration publique ne fournit que les services qu'on lui demande, et où le prix de ces services se règle de gré à gré, entre le gouvernement comme vendeur, et les députés de la nation comme acheteurs ? Or, peut on raisonnablement supposer que la sécurité, l'ordre, le culte public, ou les services qui ont le but de procurer ces biens aux peuples, ne soient des objets librement demandés que là où cette demande se fait publiquement

par l'organe d'une représentation nationale?
D'ailleurs, les services que le gouvernement
fournit aux peuples sont-ils plus chers dans les
états purement monarchiques que dans ceux
où leur prix se règle de gré à gré? L'Europe,
au moins, nous présente plus d'un exemple du
contraire (1). Enfin, admettons que le gouvernement, profitant de sa situation, se fasse
payer ses services au-delà de ce qu'ils coûte-
raient s'il pouvait y avoir concurrence: cette
supposition change-t-elle la nature des fonds
qui sont employés à fournir ces services? Le
capital d'un manufacturier cesse-t-il d'être un

---

(1) Voici ce qu'un auteur anglais dit sur ce sujet : « C'est
» une grande question que de savoir si un gouvernement
» représentatif n'est pas le plus coûteux et le plus prodigue.
» c'est précisément depuis que la chambre des communes a
» obtenu l'administration de nos finances, que l'Angleterre
» s'est permis des dépenses qui sont sans exemple dans
» l'histoire ancienne et moderne. La docilité avec laquelle le
» peuple se soumet à payer les contributions, quand elles sont
» imposées par ses représentans, est un sujet d'étonnement.

capital lorsque l'entrepreneur se trouve favorisé par un privilége, et qu'il s'en sert pour élever le prix de ses produits? Sans doute, si l'on apporte les préjugés vulgaires à la considération du capital, on sera peu disposé à reconnaître ces principes ; mais ce n'est pas aux préjugés, c'est à l'examen impartial des lecteurs que nous les offrons.

» Le monarque le plus absolu ou le plus populaire n'aurait ja
» mais pu lever la moitié des sommes votées par le parlement
» d'Angleterre. Un autre caractère du gouvernement repré
» sentatif, c'est qu'il donne du crédit au gouvernement et
» facilite ses emprunts : avantage qui est encore au profit
» du roi et non à celui du peuple. » Playfair, *La France telle qu'elle est*, pag. 179 et 211.

CHAPITRE VIII.

DE QUELS ÉLÉMENTS SE COMPOSE LE CAPITAL NATIONAL, ET COMMENT IL SE REPRODUIT.

I. Il nous reste à faire l'application des principes que nous venons d'exposer, en donnant ici la classification des produits dont se constitue le capital d'une nation, et en montrant de quelle manière ils se reproduisent d'après leur valeur. La masse entière de ces produits se divise d'abord en deux branches principales, les uns étant immédiatement nécessaires *à la production* et ne l'étant que médiatement *au producteur*, tandis que les autres nous offrent précisément le contraire. Nous les distinguerons en appelant les premiers le *capital effectif* du producteur, et les autres son *capital personnel*, sauf à changer ces noms, si l'on en trouve de plus propres. En langue vulgaire, la première branche seule est appelée *capital;* aussi quand nous emploierons ce terme sans le désigner davantage, c'est toujours le *capital effectif* qu'il faut entendre ; il se divise en *fixe* et en *circulant.*

II. Les produits qui forment sa partie *fixe* se composent des trois articles suivants :

1° Les *améliorations foncières,* résultats des travaux qu'on a donnés au sol pour le rendre propre à la culture et à l'exploitation ;

2° Les *constructions* nécessaires à la production et qui lui sont exclusivement destinées : telles sont, pour l'industrie, les granges, les ateliers, les magasins ; pour les services, les temples, les bâtiments nécessaires aux écoles et aux tribunaux, les forteresses, les arsenaux, les ports militaires, les musées, les théâtres ; enfin, pour tous les travaux productifs en général, les routes, les ponts, les canaux de navigation, les ports marchands, etc. ;

3° Les *outils,* c'est-à-dire les instruments, les machines, les bêtes même qu'on emploie à la production. Les services en ont besoin comme l'industrie. Ne faut-il pas des armes offensives et défensives à l'armée, des vaisseaux et de l'artillerie à la marine, des livres et des instruments au savant et à l'artiste, des moyens de transport aux bureaux de poste, des costumes et des décorations aux spectacles ?

III. La partie *circulante* du capital effectif comprend également trois espèces de produits :

1° Les *matières*, ouvrées ou brutes, que le producteur doit employer pour fournir les produits qu'on lui demande : telles sont pour le cultivateur, les semences et les fourrages ; pour l'artisan, les matériaux qu'il détruit et les matières premières dont il change la forme ; pour le militaire, les munitions de guerre ; pour le chimiste et le médecin, les drogues et les médicaments ; pour le peintre et l'écrivain, les couleurs, la toile, le papier qu'ils emploient ;

2° Tous les produits matériels achevés par leurs producteurs et destinés à être vendus aux consommateurs ; en un mot, toutes les *mar-*

chandises : elles sont pour le commerce ce que les matières sont pour l'agriculture et les manufactures (1) ;

3° Enfin les *monnaies*, comme moyen de circulation, par lequel les marchandises et les travaux s'échangent les uns contre les autres.

IV. Pour s'expliquer comment le capital se reproduit, il suffit de se rappeler que ce sont les individus qui l'emploient, et que l'individu ne considère que la *valeur* de ce qu'il consomme pour produire. Ainsi, quand le capital a été consommé pour créer un produit quelconque, et que sa valeur se trouve rétablie par la vente

---

(1) Comme les *marchandises* comprennent aussi les *matières* et les *outils*, on pourrait croire que ces objets sont mis deux fois en ligne de compte ; mais ils cessent d'être des marchandises, lorsqu'ils passent dans les mains de leurs consommateurs. Comme *marchandises*, ils font le capital du producteur qui les a créés ou du marchand qui en fait le trafic ; comme *matières* et *outils*, ils sont le capital des personnes qui les consomment productivement.

de ce produit, le capital lui-même est rétabli pour le producteur, puisque celui-ci se voit en état de remplacer les produits consommés et de reprendre sa production. Au défaut du producteur actuel, la même valeur peut servir de la même manière à un second, à un troisième producteur, et ainsi de suite; de sorte qu'un capital n'a point de terme pour sa durée, tant qu'il est employé productivement.

V. Au reste, le capital fixe ne se remplace pas de la même manière que le capital circulant, et c'est ce qui constitue la principale différence entre eux. Pour produire une marchandise, ou pour fournir des services pendant un temps quelconque, il faut nécessairement, ou *détruire* le capital circulant qui est employé à cet effet, ou *s'en désister;* donc sa valeur doit être remplacée *en entier* au producteur, lorsque la marchandise vient à se vendre, ou que les services viennent à se payer. Le capital fixe, au contraire, n'est qu'*usé* par la production, et il reste au producteur; ainsi, ce n'est qu'une

portion de sa valeur qui a besoin d'être remplacée ; portion qui se détermine d'après la
durée probable des produits qui constituent
le capital fixe : serait-ce, par exemple, une machine qui pût durer vingt ans , le prix du produit qu'elle sert à créer doit remplacer chaque
année un vingtième de sa valeur.

VI. Les individus qui possèdent un capital,
soit sa valeur en numéraire, sont appelés *capitalistes ;* dirigent - ils eux - mêmes l'emploi de
leurs capitaux , ils deviennent *entrepreneurs.*
Ainsi, ce qui distingue ceux-ci des simples *travailleurs*, c'est qu'ils fournissent le capital pour
l'entreprise , tandis que les autres n'y apportent que leurs facultés personnelles. Les travailleurs sont payés de leur travail d'après un
prix convenu qui s'appelle *salaire ;* l'entrepreneur s'attend à tirer un *profit* de l'emploi de son
capital. Ce dernier revenu comprend bien aussi
un salaire, mais comme il est encore composé
d'un gain qui se fait sur le capital et qui s'accroît avec lui, on le nomme en totalité un profit

ou un gain, ce qui donne une idée fausse de ce revenu.

VII. Vu la grandeur des entreprises, on peut en distinguer quatre espèces :

1° *Celles qu'un capitaliste fait seul et sans le secours d'aucun travailleur subsidiaire :* telles sont les entreprises d'une foule de petits propriétaires, fermiers, artisans et marchands ; telles sont encore celles d'un grand nombre de médecins, avocats, notaires, précepteurs, écrivains, artistes, barbiers, coiffeurs, domestiques de place, etc. ; car lorsque ces producteurs ne vivent pas de salaires fixes, mais de leurs pratiques, ils doivent être regardés comme des entrepreneurs, quelque peu considérable que soit le capital dont ils ont besoin pour leurs entreprises. Le capital d'un tailleur qui ne fournit point les étoffes des habillements est-il plus considérable que celui d'un barbier ou d'un coiffeur ?

2° *Celles que les capitalistes font avec le secours d'ouvriers ou de travailleurs auxiliaires :* les cultivateurs, par exemple, à l'aide de leurs journaliers, les artisans avec leurs compagnons, les marchands avec leurs commis, les aubergistes avec leurs garçons, les notaires et avocats avec leurs écrivains, les chefs de pensionnats avec leurs gouverneurs et leurs maîtres, les directeurs de théâtres avec leurs acteurs et leurs musiciens, etc. ;

3° *Celles où plusieurs capitalistes se réunissent sous une direction générale,* comme dans les compagnies de commerce et dans toutes les entreprises où le capital est rassemblé parmi des actionnaires ;

4° Enfin la plus grande de toutes les entreprises qui puissent se faire au sein d'une nation, est *celle dont se charge son gouvernement ;* car sous le rapport des finances, comme nous l'avons déjà observé, c'est partout une véritable entreprise, bien qu'elle n'en ait les formes que dans les pays où il se trouve une représentation nationale.

VIII. De ce que toute entreprise, la plus petite comme la plus grande, suppose un capital quelconque, il ne s'ensuit pas que ce capital doive appartenir en propre à l'entrepreneur qui l'emploie; un grand nombre d'entreprises se font entièrement avec des capitaux empruntés, et il y en a peu où le crédit n'entre pour rien. D'ailleurs, il n'est pas rare de voir les consommateurs eux-mêmes avancer aux producteurs les capitaux dont ceux-ci ont besoin pour créer les produits qu'on leur demande. C'est ainsi qu'on fournit souvent aux artisans les matières sur lesquelles ils travaillent, ou qu'on leur donne des arrhes en commandant chez eux quelque produit; c'est encore ainsi qu'on s'abonne pour le spectacle, pour les leçons d'un professeur, pour des ouvrages qui doivent paraître; c'est ainsi qu'on paie d'avance le prix de l'éducation de ses enfants, lorsqu'on les met en pension, etc. Mais c'est surtout dans la grande entreprise du gouvernement que ce procédé devient nécessaire, aucun gouvernement n'étant assez riche pour la faire aller sans avances de la part des consommateurs, c'est-à-dire des contribuables.

IX. La seconde branche du capital national,
savoir le *capital personnel* du producteur, se
distingue pareillement en fixe et en circulant.
Le premier comprend les *facultés naturelles
et acquises des producteurs*, facultés qui sont
le résultat de leur éducation, c'est-à-dire des
services qu'on leur a rendus et de l'entretien
qu'on leur a fourni pendant leur enfance.
Lorsqu'ensuite ces facultés sont employées à
produire, elles constituent pour celui qui les
possède un capital fixe, qui a la plus grande
analogie avec cet élément du capital effectif
dont il vient d'être parlé sous le nom d'a-
méliorations foncières. Il est vrai que cet élément *exclut* la faculté productive qui est naturelle à la terre, et que le capital personnel
comprend les facultés naturelles de l'homme;
mais il faut considérer que le sol ne coûte
rien à entretenir, et que l'homme enfant veut
être nourri et soigné pour se conserver; de
sorte que ses facultés naturelles mêmes exigent
des avances.

X. Les éléments du capital personnel qui *cir-cule* se rangent naturellement sous deux espèces :

1° Les *subsistances*, nom sous lequel nous entendons tous les objets matériels qui sont indispensables au producteur pour conserver sa vie et ses facultés; tels que la nourriture, le vêtement, le logement, le mobilier, et le combustible strictement nécessaire ;

2° Les *services* dont le producteur a besoin pour exister et produire, par exemple, ceux qu'il obtient de son gouvernement, ceux que lui fournissent la poste aux lettres, les voitures publiques, ses agents subalternes, ses domestiques.

XI. De même que personne ne saurait faire une entreprise quelconque sans se trouver muni d'un capital effectif, aucun individu ne peut exécuter un travail quelconque sans posséder un capital personnel. La grandeur du capital circulant dont le travailleur a besoin, se règle ordinairement sur la grandeur du capital fixe qui lui est nécessaire, et celui-ci se détermine d'après la nature du travail qu'il veut exécuter. Sous ce rapport, tous les différents travaux peuvent se ranger en trois classes principales :

1° Ceux qui ne demandent que les *facultés naturelles* de l'homme, sans autre développement que celui qu'elles acquièrent par l'usage le plus commun qu'on en fait. La valeur d'un pareil capital est la moindre qu'un travailleur puisse posséder : elle se borne à la somme qu'a coûté son entretien pendant son enfance. Personne ne peut se passer d'un pareil capital s'il doit vivre de son travail ;

2° Les travaux qui, outre les facultés naturelles, exigent encore une *instruction préalable, mais seulement mécanique et routinière*, comme les travaux communs des cultivateurs, des artisans, des marchands détailleurs, des matelots, etc. En supposant le travail dégagé de toutes les entraves, la valeur d'un pareil capital ne peut guère surpasser de beaucoup celle d'un capital de la classe précédente. Ordinairement l'instruction mécanique se borne à l'exemple que le maître donne à ses apprentis, en travaillant, non pour eux, mais pour son propre profit : de pareilles leçons ne lui coûtent ni du temps ni de la peine. Quant à l'entretien de l'apprenti, il se paie, dans la règle, par son travail ; si dans le commencement de l'apprentissage la valeur de ce travail ne suffit pas pour couvrir cette dépense, il faut considérer que vers la fin elle l'excède régulièrement ;

3° Enfin, les travaux qui exigent une *instruction scientifique ou des études plus ou moins étendues*. De ce nombre sont les travaux des entrepreneurs dans les trois branches de l'industrie, surtout lorsqu'ils donnent une grande extension à leurs affaires ; ceux des artistes, des avocats, des médecins, des instituteurs, des ecclésiastiques, des magistrats, des chefs militaires, etc. La valeur d'un pareil capital se compose en partie des frais de l'entretien du jeune homme pendant ses études, et en partie des frais de son instruction ; on conçoit qu'elle doit beaucoup varier, suivant que les études sont plus ou moins longues et que l'instruction est plus ou moins difficile.

XII. Le capital personnel et *circulant* dont un producteur a besoin se règle, pour la plupart, comme nous l'avons déjà dit, sur le capital fixe, et conséquemment il n'est pas non plus le même pour les différentes classes de travaux que nous venons de signaler. Par rapport aux *subsistances*, cette différence est moins sensible qu'à l'égard des services ; cependant elle n'est pas tout à fait nulle. Les travaux intellectuels usent les facultés humaines plus que les travaux mécaniques ; ainsi les premiers exigent aussi un certain choix dans les subsistances, dont les autres peuvent se passer ; la nourriture qui convient à un forgeron ruinerait la santé d'un peintre ou d'un savant. D'ailleurs, si l'opinion générale ne permet pas d'exercer certains travaux relevés sans faire une dépense plus considérable pour son entretien, l'individu qui veut réussir dans ces travaux est obligé de se régler sur cette opinion.

XIII. Toutes ces observations s'appliquent également aux *services* dont le producteur a besoin, et elles acquièrent même plus d'étendue sous ce rapport. Les services que la production réclame pour les travailleurs de la première classe se réduisent à un très-petit nombre, nous y comprendrons ceux qu'exigent leur sûreté personnelle, leur santé, le soin de leurs ménages, enfin la culture de leurs sentiments religieux ; car les besoins indispensables, même du simple ouvrier, sont ceux d'un homme, c'est-à-dire d'un être sensible et intelligent, qui ne peut se passer de quelque nourriture pour son cœur et sa raison, sans perdre les qualités les plus essentielles qui constituent le bon travailleur. Quant au besoin de vivre dans le mariage, sa satisfaction entraîne peu de dépenses, pour les travailleurs de cette classe, puisque la femme du simple ouvrier est communément elle-même un ouvrier productif, et que les frais de son entretien qu'elle ne gagne pas par son travail vendable se compensent par les services qu'elle rend à son mari en soignant son ménage.

XIV. Dans les occupations qui supposent une

instruction savante ou des études plus ou moins étendues, le producteur a naturellement besoin de beaucoup plus de services. D'abord le simple ouvrier ne sollicite, pour la plupart, la protection du gouvernement que pour sa personne et sa famille; le travailleur qui est propriétaire ou capitaliste la réclame encore pour ses terres et ses capitaux. Or, comme la propriété réelle est bien plus exposée à être envahie que celle des personnes, et qu'elle est aussi bien plus difficile à garantir, il s'ensuit que la sûreté qu'obtient le propriétaire ou le capitaliste exige plus de services et qu'elle lui coûte davantage. Ce ne sont pas seulement les services du gouvernement qu'il doit payer, et dans une proportion plus forte: ce sont encore ceux de ses intendants, caissiers, hommes d'affaires, avocats, notaires, assureurs, et autres personnes qu'il lui faut employer pour veiller à ses intérêts et pour les défendre. Ensuite l'ouvrier, s'il est marié, n'a guère besoin d'un secours étranger pour faire aller son ménage; mais quelles seraient la perte de temps et les distractions d'un entrepreneur, d'un magistrat, d'un savant, s'ils étaient réduits à se charger eux-mêmes de la besogne de leurs domestiques, eux que leurs occupations obligent souvent d'habiter des demeures spacieuses, de tenir des équipages, de loger et de nourrir des travailleurs subalternes! Enfin, parmi les services dont les travailleurs de cette classe ont exclusivement besoin, il faut encore ranger ceux que leurs voyages et leur correspondance pour affaires leur rendent nécessaires; services qui, surtout chez les entrepreneurs, augmentent considérablement les avances qu'ils sont obligés de faire dans l'intérêt de leur production.

XV. Le capital personnel se rétablit d'après les mêmes lois que le capital effectif. Ainsi la valeur de cette partie du premier, qui est *fixe*, se remplace par la vente du travail ou par celle des produits que ce travail sert à créer, en remboursant au travailleur, chaque année, une partie des avances qu'on a faites pour son éducation; de sorte qu'en admettant une vie de

moyenne durée, ses avances lui soient complétement remboursées à l'époque où ses facultés
cessent de lui être utiles. La meilleure preuve
que les choses se passent réellement ainsi, c'est
que, dans la supposition contraire, les neuf
dixièmes des producteurs seraient absolument
hors d'état d'élever leurs enfants, et l'on voit
qu'ils les élèvent. Sans doute que la compensation n'est pas toujours exacte pour les individus, puisqu'il y en a qui meurent, ou qui
se voient privés de leurs facultés avant le terme
moyen de la vie, et que d'autres les conservent
au-delà; mais quelles que soient ces inégalités,
il faut bien qu'en général la compensation soit
suffisante, puisque dans tous les pays où le
revenu national ne décroît pas sensiblement,
nous voyons constamment des jeunes travailleurs remplacer les vieillards, non seulement
pour le nombre, mais aussi pour les facultés
acquises qu'ils apportent au travail.

XVI. Ainsi, de même que le prix rétabli des
outils met un entrepreneur en état de rempla-

cer ceux qui sont usés : de même aussi la valeur rétablie de son éducation lui permet de
donner à quelque autre individu une éducation
pareille à celle qu'il a reçue ; de sorte qu'il
peut en être remplacé comme producteur.
Il y a bien cette différence, qu'un individu
qui remplace ses outils usés se prépare un
revenu à lui-même, tandis que celui qui élève
un autre individu en prépare à celui-ci ; mais,
dans ce cas, les sentiments de la nature se sub-
stituent à l'intérêt pécuniaire. Ce n'est pas à
l'éducation d'un étranger que le producteur
consacre ces avances remboursées, c'est à celle
de son fils, héritier naturel de toute sa fortune ; et quel est le père qui ne sente pas l'o-
bligation de transmettre à son enfant les mêmes
moyens d'existence qui lui avaient été transmis par ses parents, une valeur dont il est
l'usufruitier plutôt que le possesseur ? Aussi,
loin de négliger l'éducation du seul enfant
que les pères peuvent élever moyennant la
valeur placée dans leur propre éducation, on
les voit ordinairement en élever plusieurs,

et souvent beaucoup mieux qu'eux-mêmes ils ne l'ont été : dépenses qu'ils font sur leur revenu net, et qui, si ce revenu est modique, les assujettit à des privations auxquelles un pareil motif seul peut engager à se soumettre de bon gré.

XVII. Le capital personnel et *circulant* se rétablit, pour le producteur, à mesure que la vente de son travail ou des produits de ce travail lui rembourse la valeur des subsistances et des services qu'il a dû consommer pour produire. Tant qu'un travail est demandé, ce remplacement ne manque jamais; ainsi, pour distinguer, parmi les subsistances et les services, ceux qui constituent le capital d'une classe particulière de travailleurs, il suffit d'observer quels sont ceux dont la valeur leur est généralement et constamment remboursée.

XVIII. Dans toutes les observations que nous venons de faire, le capital personnel ne nous a présenté que des analogies avec le capital effectif ; mais voici deux dissemblances assez frappantes :

1° Pour se procurer le capital effectif dont on a besoin pour produire, il suffit d'en avoir la valeur, fût-elle encore empruntée ; mais il ne suffit pas de même d'avoir la valeur de telles facultés humaines, pour devenir producteur dans tel genre de travail où elles sont requises : il faut avoir ces facultés elles-mêmes. Qu'un individu possède vingt fois la valeur des connaissances et des talents qui forment un bon médecin, s'il ne possède pas ces talents et ces connaissances, il ne pourra guère exercer ce métier. Cependant cette observation n'est fondée qu'à l'égard des individus. Une nation est-elle dépourvue de certaines facultés acquises dont elle a besoin pour produire, pourvu qu'elle possède la valeur de ces facultés, elle peut se les procurer en appelant dans son sein des étrangers qui en sont pourvus. Ces individus restent-ils dans le pays et communiquent-ils

leurs facultés acquises aux indigènes, le capital personnel que celles-ci constituent est acquis pour la nation et devient sa propriété ;
dans la supposition contraire, il n'est qu'emprunté, et la nation se voit obligée de renouveler l'emprunt si elle veut continuer la production des mêmes objets ;

2° Pour tirer un revenu d'un capital effectif qu'on possède, on n'a pas besoin de l'employer soi-même ; le capital personnel, au contraire, veut être employé par son possesseur,
et celui-ci n'en tire un revenu qu'autant qu'il
travaille. L'un est donc une fortune pour son
possesseur, l'autre ne l'est pas. Cette différence,
de même que la première, ne regarde que les
individus ; car, pour la nation, le capital effectif
n'est pas non plus une fortune, puisqu'elle
est obligée de l'employer elle-même pour en
tirer un revenu.

CHAPITRE IX.

QUELS SONT LES REVENUS DES PARTICULIERS QUI CONCOURENT A FORMER LE REVENU NATIONAL?

I. Tout individu qui subsiste doit subsister d'un revenu; mais il n'est pas indispensable que ce revenu soit à lui, il peut vivre sur celui d'un autre. Il y a donc des *revenus primitifs* et des *revenus dérivés*, et l'on voit que le revenu national ne peut se composer que des premiers; si l'on y faisait entrer les seconds, ce serait un double emploi, c'est-à-dire qu'on mettrait en ligne de compte deux fois le même revenu.

II. « Quiconque subsiste d'un revenu à lui, » dit Smith, doit tirer ce revenu, ou de son » *travail*, ou d'un *capital* qu'il possède, ou d'une » *terre* qui lui appartient. Aussi, *salaires, pro-* » *fits* et *rentes*, sont les seuls revenus primitifs;

« tout autre revenu dérive en dernière analyse
» de l'une ou de l'autre de ces trois sources (1). »
Cette notion est juste, si l'on prend les mots de
travail, de capital et de terre dans leur signification naturelle : mais on connaît le sens
étroit que Smith leur attribue. Ainsi, dans son
système, il n'y a d'autres revenus primitifs que
les salaires et les profits gagnés par le travail
industriel ou les rentes que donnent les capitaux et les terres lorsqu'ils sont employés par
un pareil travail. Voilà, suivant Smith, les
seules branches du *revenu* national ; tous les
autres revenus des particuliers ne sont qu'une
dépense qui se fait sur ce revenu.

III. On sent bien que Smith est forcé d'a-
dopter ces notions, puisqu'elles découlent immédiatement de sa notion du travail productif ;
mais si jamais cette dernière se montre défec-

(1) *Rich. des nat.*, liv. I, chap. **vi**. (Vol. I, pag. 78)

tueuse, c'est surtout dans l'application dont il s'agit. En effet, si vous admettez que les gens occupés à fournir des services vivent aux dépens des classes industrieuses, par la raison qu'ils en sont nourris, habillés, logés et meublés, vous devez aussi admettre que les classes industrieuses vivent aux dépens des autres, puisqu'elles en sont défendues, protégées, instruites, soignées dans l'enfance et secourues dans les maladies. S'il y a d'un côté dépense sans compensation, il y en a aussi de l'autre : ainsi dépense partout et revenu nulle part.

IV. Sans doute dans une société où la division du travail est généralement établie, le revenu de chaque individu provient de la dépense de quelques autres ; mais toutes les fois qu'une dépense est faite pour acquérir un produit ou pour se procurer un moyen de produire, le revenu correspondant est un revenu primitif ; car, dès lors, il y a de l'avantage pour celui qui le paie comme pour celui qui le gagne. Au contraire, lorsqu'un revenu quelconque s'obtient gratuitement, soit de gré à gré, soit de force, c'est un revenu dérivé, parce que ceux qui le paient n'acquièrent ni un produit ni un moyen de produire , et qu'en conséquence il n'y a de l'avantage que pour ceux qui le gagnent : tel est le revenu que le pouvoir extorque aux individus qui lui sont soumis lorsqu'il ne leur livre aucun équivalent ; tel est celui que les pauvres obtiennent de la charité publique ou privée, celui dont jouissent les fainéants volontaires par des pensions et des aumônes, celui que les fripons et les voleurs se procurent par leurs fourberies et leurs crimes.

V. Voilà le seul principe de distinction qu'on puisse admettre par rapport aux revenus primitifs et dérivés : tout autre principe est insoutenable et conduit aux conséquences les plus absurdes. Si, comme Smith le prétend, les services ne donnaient que des revenus dérivés, les salaires qui se gagnent par de pareils travaux devraient être mis dans la même classe que les aumônes qui s'obtiennent de la pitié, ou les gains illicites qui se font par la ruse ou la force, ce qui révolte le sens commun. D'ailleurs, quand les capitaux et les terres sont convenablement employés à l'effet de fournir des produits immatériels, ils donnent des rentes tout aussi bien que lorsqu'ils sont employés à fournir des objets matériels : en adoptant la distinction de Smith, sous quelle catégorie rangera-t-on ces rentes? formeront-elles aussi des aumônes ou des rapines, comme les revenus sur lesquels elles se paient? Un capitaliste rentier sera-t-il censé jouir d'un revenu primitif lorsqu'il aura prêté son argent à un négociant, et d'un revenu dérivé si c'est un notaire à qui il l'a confié? Plutôt que d'admettre un principe si contraire au bon sens, ne vaudrait-il pas mieux de tout rapporter au travail utile et vendable? Certes il serait moins choquant de regarder comme subsistant d'un revenu dérivé les rentiers qui vivent du travail des entrepreneurs auxquels ils ont loué leurs terres et leurs capitaux, que de considérer comme subsistant d'un pareil revenu les gens qui vivent de leur propre travail, en rendant des services utiles à l'État ou à d'autres particuliers.

VI. Les économistes de l'école française, plus rétrécis que Smith dans leurs idées, ne reconnaissaient d'autres revenus primitifs que ceux provenant de la terre et du travail agricole. Les raisons que Smith emploie pour combattre cette erreur nous fournissent les meilleurs arguments pour combattre la sienne : il suffit d'appliquer aux services, relativement à l'industrie, ce qu'il dit des manufactures et du commerce, relativement à l'agriculture. Voici ses propres paroles (1) : « Le grand commerce » de toute société civilisée est celui qui s'établit » entre les habitants de la ville et ceux de la » campagne ; il consiste dans l'échange du pro-

(1) *Rich. des nat.*, liv. III, chap. I. (Vol. II, pag. 73)

» duit brut contre le produit manufacturé. La
» ville, dans laquelle il n'y a ni ne peut y avoir
» aucune reproduction de substances, gagne à
» proprement parler, toute sa substance et ses
» richesses sur la campagne. Il ne faut pourtant
» pas s'imaginer pour cela que la ville fasse ce
» gain aux dépens de la campagne ; les gains
» sont réciproques pour l'une et pour l'autre ;
» et en ceci, comme en toute autre chose, la di-
» vision du travail tourne à l'avantage de cha-
» cune des différentes personnes employées aux
» tâches particulières, dans lesquelles le travail
» se subdivise. Les habitants de la campagne
» achètent de la ville une plus grande quantité de
» denrées manufacturées avec le produit d'une
» bien moindre quantité de leur propre travail
» qu'ils n'auraient été obligés d'en employer
» s'ils avaient essayé de les préparer eux-mêmes.
» La ville fournit un marché au produit agricole
» qui excède la consommation des cultivateurs,
» et ceux-ci l'échangent contre quelque chose
» qui est en demande chez eux. Plus les habi-
» tants de la ville sont nombreux et ont de re-

» venu, plus est étendu le marché qu'ils four-
» nissent à ceux de la campagne ; et plus ce
» marché est étendu, plus il est avantageux
» pour ceux-ci. Comparez la culture des terres
» situées dans le voisinage d'une ville considé-
» rable avec celle des terres qui en sont éloi-
» gnées, et vous pourrez aisément vous con-
» vaincre combien la campagne tire d'avantages
» de son commerce avec la ville. »

VII. Ce raisonnement, qui a renversé la thèse
des économistes français, doit aussi renverser
tôt ou tard celle que Smith a établie en dépit de
ses propres arguments. De même que l'échange
du produit brut contre le produit manufacturé
donne lieu à un grand commerce chez toutes
les nations civilisées, l'échange du produit matériel contre le produit immatériel en fait naître
un autre bien plus important encore. Les individus qui fournissent ce dernier produit gagnent aussi leur subsistance et leurs richesses
sur les industrieux ; mais ce n'est point aux dépens de ceux-ci, car les gains sont réciproques,

par les avantages que procure la division du travail. Les industrieux qui s'en remettent aux fonctionnaires publics pour les protéger, aux savants pour les instruire, aux médecins pour soigner leur santé, aux artistes pour leur procurer des plaisirs, aux domestiques pour les aider dans leurs affaires privées, etc., achètent tous ces avantages bien plus complétement, et avec une bien moindre quantité de leur propre travail, que s'ils avaient essayé de s'en pourvoir eux-mêmes. La population occupée à remplir des services fournit un marché au produit de l'industrie qui excède la consommation des industrieux, et ceux-ci échangent cet excédant contre des produits immatériels qui leur sont utiles : plus cette population est nombreuse et a de revenu, plus est étendu le marché qu'elle fournit à la population industrieuse; et plus ce marché est étendu, plus il est avantageux pour cette dernière. Comparez l'industrie d'un pays où les services sont séparés des travaux industriels avec celle d'une contrée où les mêmes personnes exercent les uns et les autres, et vous pourrez aisément vous convaincre combien l'industrie tire d'avantages de cette séparation, et par conséquent du commerce qu'elle fait avec cette classe d'habitants qui se charge de services.

VIII. On voit que tous les arguments dont Smith se sert en faveur de l'industrie des villes sont encore applicables, et dans toute leur force, à ces travaux que nous comprenons sous le nom de services ; de sorte que, si ce principe l'emporte un jour dans le jugement du public sur celui du philosophe écossais, comme on peut l'espérer, cette victoire lui sera due en grande partie à lui-même. On doit s'étonner néanmoins que Smith ait laissé à d'autres le soin de faire de ses arguments une application si facile à faire. « Parmi toutes les » absurdités de cette théorie, dit-il, qu'on a » imaginée sur la balance du commerce, on ne » s'est pourtant jamais avisé de prétendre, ou » que la campagne perd dans son commerce » avec la ville, ou que la ville perd dans son

» commerce avec la campagne qui la fait sub-
» sister. » Et l'écrivain qui nous communique
cette observation n'hésite pas d'avancer que la
ville et la campagne perdent dans un commerce
exactement pareil à celui qu'elles font entre
elles, c'est-à-dire dans l'échange qu'elles font de
l'excédant de leurs produits nécessaires ou
agréables, contre d'autres produits également
nécessaires ou agréables ! Tel est l'empire d'une
fausse idée mère, qu'elle égare même les têtes
les plus éminemment philosophiques, et qu'elle
leur fait prendre pour des vérités évidentes les
assertions les plus visiblement erronées, parce
qu'elles sont des conséquences rigoureuses
d'un principe supposé vrai.

IX. Nous croyons avoir montré que lorsque
le travail, les capitaux et les terres sont employés à produire des valeurs immatérielles, ils
donnent à leurs possesseurs des revenus primitifs, tout aussi bien que lorsqu'ils sont employés à produire des valeurs matérielles. Ainsi,
pour résoudre la question proposée « quels

sont les revenus des particuliers qui concourent à former le revenu national, » nous dirons que ce sont les revenus de ceux qui produisent ou qui fournissent les moyens de produire, les terres et les capitaux. Les revenus des fonctionnaires publics ou du gouvernement ne peuvent point faire une exception à cet égard, pourvu qu'ils soient acquis par un véritable échange, c'est-à-dire que le peuple obtienne réellement les avantages auxquels il s'attend en payant les impositions. Convenir que les services créent des revenus primitifs, et soutenir avec cela que les plus importants d'entre eux n'en créent point, serait une inconséquence qu'aucun raisonnement ne pourrait justifier. Sans doute que les contribuables sont *contraints* de payer ces services ; mais, s'ils ne l'étaient pas, croit-on que la demande de ces services cesserait ? Pourquoi donc les états démocratiques conservent-ils leurs fonctionnaires publics ? pourquoi décrètent-ils des impôts ? Dans toutes les dépenses qui se font en commun, chaque participant est tenté de se soustraire à sa quote, espérant que

8.

les quotes des autres suffiront pour maintenir
l'avantage qui résulte de cette dépense. Plus il
y a de participants à une pareille dépense, plus
cet espoir est fondé, et plus, par conséquent, la
tentation de s'y soustraire devient forte : faut-il
s'étonner que la contrainte devienne nécessaire,
et que la société soit dans le cas d'obliger chaque membre à payer des avantages qu'aucun
d'eux ne voudrait perdre? Un gouvernement
qui laisse à ses administrés la liberté de quitter
le pays avec tout ce qu'ils possèdent prouve
bien évidemment qu'il ne les force pas d'acheter sa protection; il semble leur dire : Si vous
trouvez que vous payez trop cher la sûreté et
les autres avantages que je vous procure, allez
les chercher ailleurs à moins de frais. Il en est
de même de la dépense pour le culte public,
lorsque le gouvernement se charge d'y pourvoir
par une contribution générale, et qu'il la règle
avec cette économie qui devrait toujours pré-
sider à ses dépenses : si le gouvernement ne
s'en chargeait pas, pensez-vous que le peuple renoncerait à l'instruction et aux consola-

tions que lui offrent les temples? Dans les États-
Unis d'Amérique le gouvernement ne se mêle
en aucune manière de la manutention du culte;
cependant les églises et les ministres de la re-
ligion n'y manquent pas plus qu'en Europe.

X. Concluons. Toutes les fois qu'un gouvernement remplit sa tâche aussi bien que sa situation et celle du peuple le lui permettent, son revenu est incontestablement un revenu primitif,
bien qu'il le recueille par des impôts, car il ne
peut pas l'obtenir autrement. Les impôts ne
sont un revenu dérivé que dans le cas où l'autorité les prélève sans fournir aux contribuables un équivalent. Qu'on ne dise pas qu'une
telle évaluation est impossible; elle se fait réellement partout, et la voix publique en est l'organe. Lorsque le peuple en général est content
de la manière dont il est gouverné, et qu'il ne
se plaint pas du fardeau de ses charges, c'est
un signe certain que le gouvernement lui rend
en protection la valeur qu'il en prélève en impôts. Telle était l'expression générale des sen-

timents populaires en Prusse du temps du grand
Frédéric ; et ce n'est pas la seule fois qu'un gouvernement purement monarchique ait obtenu
un témoignage aussi honorable. Quant aux
états où les contribuables concourent eux-mêmes ou par leurs représentants à décréter les
impôts, ceux-ci doivent naturellement être regardés comme le prix d'un achat volontaire ; et
si les intérêts du peuple se trouvent lésés dans
ce marché, c'est à lui-même ou à ses manda-
taires qu'il doit s'en prendre.

CHAPITRE X.

LA DISTINCTION DU REVENU BRUT ET DU REVENU NET EST-ELLE APPLICABLE AU REVENU D'UNE NATION?

I. « De même, dit Smith (1), que dans le revenu d'un particulier nous distinguons le revenu *brut* et le revenu *net,* nous pouvons aussi faire une pareille distinction à l'égard du revenu de tous les habitants d'un pays. Leur revenu brut comprend la masse totale du produit annuel de leurs terres et de leur travail; leur revenu net est ce qui leur reste, déduction faite de ce qu'il leur faut pour entretenir leur capital, ou bien ce qu'ils peuvent, sans empiéter sur leur capital, dépenser pour leur subsistance, leurs commo-

(1) *Rich. des nat.,* liv. II, chap. II. (Vol. I, pag. 424.)

dités et leurs plaisirs. Leur richesse réelle est donc en proportion de leur revenu net, et non pas de leur revenu brut. »

II. Ces notions nous paraissent si saines, que nous n'hésitons pas à les adopter, sauf les modifications qui résultent des principes exposés dans les chapitres précédents (1). En effet, comment se refuser à reconnaître des principes si palpables? Une distinction de revenus qui est fondée à l'égard de *chaque* individu, ne l'est-

---

(1) Nos lecteurs savent que nous regardons comme faisant partie du capital les subsistances qui sont indispensables au travailleur pour maintenir sa vie et son travail; ainsi, suivant notre opinion, le revenu net ne comprend que la dépense *superflue* qui peut se faire pour ces objets, soit par les producteurs, soit par les individus non productifs, dont l'entretien nécessaire même est une dépense superflue, lorsqu'on la considère sous le point de vue de la production. Quant à l'idée du revenu en général, il est inutile de rappeler que nous y comprenons les résultats des services aussi bien que les produits matériels.

elle pas à l'égard de *tous,* c'est-à-dire de la nation? Qu'est ce donc que le revenu de la nation, si ce n'est pas la totalité des revenus primitifs de ses membres, plus le capital qui sert à créer ce revenu?

III. Cependant ces mêmes notions se trouvent rejetées par un écrivain renommé. M. J.-B. Say prétend qu'elles sont fausses, et que le revenu d'une nation est égal à son produit brut, c'est-à-dire qu'il n'y a rien à déduire de ce revenu pour les frais de la production. L'importance qu'il met à cette opinion, le développement qu'il lui donne et les conséquences qu'il en tire en font un des points les plus saillants de sa doctrine. Toutefois, si cette thèse était prouvée, elle renverserait plusieurs des principes fondamentaux de l'économie politique; il en résulterait, par exemple, que l'idée du capital national serait une chimère, et qu'une nation pourrait, sans s'appauvrir, dépenser improductivement la totalité de son revenu. Il importe donc de montrer, par une analyse exacte du raisonnement de l'auteur, que sa thèse est dénuée de tout fondement, et qu'il s'abuse d'une manière étrange en prenant de vaines illusions pour des faits. Nous rapportons textuellement ses preuves, afin de n'être pas soupçonné de les avoir affaiblies :

IV. « C'est la valeur entière des produits qui » se distribue dans la société. Je dis leur va- » leur *tout entière ;* car si mon profit ne s'élève » qu'à une portion de la valeur du produit, le » surplus compose le profit de mes co-pro- » ducteurs. Un fabricant de drap achète de » la laine à un fermier; il paie diverses fa- » çons d'ouvriers, et vend le drap qui en pro- » vient à un prix qui lui rembourse ses avances » et lui laisse un profit. Il ne regarde comme » un profit, comme servant à composer le re- » venu de son industrie, que ce qui lui reste » *net,* ses déboursés payés; mais ces déboursés » n'ont été que l'avance qu'il a faite à d'autres » producteurs de diverses portions de revenus » dont il se rembourse sur la valeur *brute* du

» drap. Ce qu'il a payé au fermier pour la laine
» était le revenu du cultivateur, de ses bergers,
» du propriétaire de la ferme. Le fermier ne
» regarde comme un revenu *net* que ce qui lui
» reste après que ses ouvriers et son propriétaire
» sont payés ; mais ce qu'il leur a payé a été une
» portion de leurs revenus à eux-mêmes : c'é-
» tait un salaire pour l'ouvrier ; c'était un fer-
» mage pour le propriétaire, c'est-à-dire, pour
» l'un , le revenu qu'il tirait de son travail , et
» pour l'autre, le revenu qu'il tirait de sa terre.
» Et c'est la valeur du drap qui a remboursé
» tout cela. On ne peut recevoir aucune portion
» de la valeur de ce drap qui n'ait servi à payer
» un revenu. Sa valeur entière y a été employée,
» même la portion de cette valeur qui a servi
» au rétablissement du capital (fixe) du fabri-
» cant. Il a usé ses métiers ; il les a fait réparer
» par un mécanicien : le prix de cette répara-
» tion fait partie du revenu du mécanicien, et
» c'est, pour le fabricant , une avance comme
» les autres, laquelle lui est remboursée par la
» valeur du produit terminé. On voit par là

» que le mot *produit net* ne peut s'appliquer
» qu'aux revenus de chaque entrepreneur par-
» ticulier, mais que le revenu de tous les par-
» ticuliers pris ensemble, ou de la société,
» est égal au *produit brut* résultant des terres,
» des capitaux et de l'industrie de la na-
» tion (1). »

V. Tout ce raisonnement peut être réfuté
par une seule observation. Si le revenu annuel
d'une nation était égal à son produit brut, ce
produit devrait être en entier *consommable,*
c'est-à-dire propre à satisfaire immédiatement
nos besoins : or, tous les produits qui constituent le capital fixe ne sont jamais consommables, et ceux dont se compose le capital circulant ne le deviennent que lorsqu'ils passent

---

(1) *Traité,* II, 72. Les mêmes arguments se trouvent repro-
duits en d'autres endroits de cet ouvrage, surtout dans l'E-
pitome, et même dans les notes que M. Say a jointes à mon
Cours d'économie politique.

dans le fonds de consommation. Les améliorations foncières, les usines, les ateliers, les ports, les chantiers, le local des tribunaux et des écoles, les machines et les instruments de métier, les matières premières, les monnaies, les services rendus à la production plutôt qu'au producteur; tous ces produits capitaux, et tant d'autres, servent-ils immédiatement à nos plaisirs et à nos jouissances? Que dis-je! peuvent-ils seulement s'employer à la satisfaction immédiate de nos besoins les plus urgents? M. Say lui-même enseigne « que la con- » sommation reproductive ne satisfait à aucun » besoin; qu'elle ne procure aucune jouissance » autre que de rendre l'entrepreneur qui l'or- » donne possesseur d'un nouveau produit (1). » Comment donc peut-il soutenir que « ce n'est pas » le produit net seulement qui satisfait aux be- » soins des hommes; que c'est le produit brut, la

---

(1) *Traité*, II, 226.

» totalité des valeurs créées (1)? » Cette assertion
ne contredit-elle pas l'autre? ne contredit-elle pas
les faits les plus évidents? Pour concevoir quelle
partie importante du produit annuel se trouve
soustraite par le capital au revenu disponible,
il suffit d'observer qu'outre les produits qui
servent à créer les denrées consommables, ces
denrées elles-mêmes sont une portion du capital tant qu'elles restent dans les mains de
leurs producteurs. Ainsi la masse des produits
capitaux excède toujours de beaucoup celle
des produits qui forment le fonds de consommation.

VI. Comment une observation si simple a-
t-elle pu échapper à M. Say? Ou bien s'est-il
imaginé que, les produits capitaux n'étant point
consommables, c'est leur *valeur* qui se consomme en d'autres produits? Sans doute, pour

------

(1) *Traité*, I, 17.

créer les produits capitaux, il faut employer
des ouvriers : ces ouvriers sont payés de leur
travail, et ils consomment la valeur de leurs
salaires en denrées qui satisfont leurs besoins
et qui leur procurent même des jouissances ;
mais qui ne voit pas que les salaires des ouvriers sont payés sur les capitaux des entrepreneurs, et que les premiers ne consomment
qu'une valeur que les autres se sont refusés de
consommer eux-mêmes ? Ni la nation ni les individus ne peuvent consommer que ce qui est
consommable, et ils ne peuvent appliquer à
l'achat des choses consommables que la valeur
qu'ont ces choses. Pour mettre ce principe en
évidence, supposons que la valeur du produit
total soit deux cents millions, moitié en produits capitaux et moitié en produits consommables : la nation peut-elle acheter pour deux
cents millions de produits consommables quand
il n'y en a à vendre que pour cent millions,
et quand elle est encore obligée d'acheter des
produits capitaux pour une valeur pareille? Il
est donc clair que la valeur du produit annuel

se distribue partie en capitaux et partie en profits, et que chacune de ces portions de la valeur du produit annuel va régulièrement acheter les produits dont la nation a besoin, tant pour entretenir son capital que pour renouveler son fonds consommable.

VII. Si l'on trouve ce raisonnement trop abstrait, il y a un moyen de le réduire à des termes plus simples. Ce qui le complique, c'est que la nation se compose d'une multitude d'individus qui travaillent les uns pour les autres, et où les capitaux se changent perpétuellement en revenus, de même que les revenus se convertissent en capitaux. Qu'on se représente donc une famille qui suffit par son propre travail à tous ses besoins, comme il y en a tant d'exemples dans l'intérieur de la Russie et sur les confins occidentaux des États-Unis d'Amérique; qu'on se demande ensuite si le revenu d'une pareille famille est égal au produit brut résultant de ses terres, de son capital et de son industrie? Peut-elle habiter ses granges ou ses

ètables, manger ses semailles et ses fourrages,
s'habiller de ses bestiaux de labour, se divertir
de ses instruments aratoires? D'après la thèse
de M. Say, il faudrait affirmer toutes ces questions.

VIII. Dans une société nombreuse où la division du travail a fait des progrès, la valeur
qui a été capitale dans une main devient souvent revenu dans une autre; mais cette circonstance suffit-elle pour en conclure que la société
n'a point de capital, qu'elle n'a qu'un revenu?
Il est vrai, de même, que la dépense de chaque
individu devient le revenu de quelques autres :
s'ensuit-il que la société n'ait que des revenus,
sans avoir des dépenses? Que dirait-on d'une
argumentation telle que la suivante : « Un con-
» sommateur achète du drap chez un détailleur;
» il regarde cet achat comme une dépense, mais
» elle est un revenu pour le marchand. Celui-ci
» est obligé de restituer au fabricant une partie
» de ce revenu : pour lui cette restitution est
» une dépense, bien qu'elle soit productive, mais

» elle devient un revenu pour le fabricant. Ce
» dernier se trouve dans le même cas par rap-
» port à ses ouvriers ainsi qu'au fermier qui lui
» a fourni la laine ; le fermier, à son tour, est
» dans la même situation à l'égard de ses valets
» de ferme. On voit par là que le mot *dépense*
» ne peut s'appliquer qu'aux déboursés de cha-
» que consommateur, mais que la nation n'a
» que des *revenus*. » Comme cette manière de
conclure ne serait pas satisfaisante, celle de
M. Say ne l'est pas non plus, car son raisonnement est le même. « Le capital de chaque entre-
» preneur, dit-il, se convertit en revenus pour
» quelques autres; donc la nation n'a point
» de capital, elle n'a qu'un revenu. » Observons
encore en passant que cette doctrine est contraire aux principes mêmes de l'auteur, qui, en
d'autres endroits de son ouvrage, reconnaît formellement l'existence d'un *capital national* (1).

---

(1) Par exemple, *Traité*, I, 24 : « On voit que ce serait
» une grande erreur de croire que le *capital de la société*

De plus, si la nation n'a point de capital à déduire de son revenu brut, ce revenu est donc en totalité un *revenu net;* et cependant M. Say prétend que ce mot n'est point applicable au revenu d'une nation.

IX. Toute la démonstration de M. Say n'est qu'une série de contredits. Il veut prouver que la valeur entière des produits se distribue exclusivement *en profits ;* et il nous montre que cette valeur se distribue *en capitaux accompagnés de profits :* car tous ses exemples ne prouvent que cela, et s'il en avait ajouté mille autres, ils auraient toujours prouvé la même chose, puisque c'est ainsi que la valeur des produits se distribue en effet. Donc, au lieu de justifier sa thèse, il la réfute, et il ne s'en aperçoit pas même. Ce qui l'induit en erreur, c'est une pro-

---

» ne consiste que dans sa monnaie. » Et pag. 25 : « *Le ca-* » *pital d'une nation* se compose de tous les capitaux des par- » ticuliers. »

position un peu vague de Smith, qu'il a mal comprise. « Les salaires du travail, dit cet écri-
» vain, les profits des capitaux et la rente de
» la terre sont les seules parties constituantes
» du prix des marchandises. On pourrait penser
» qu'il faut y ajouter une quatrième partie, né-
» cessaire pour remplacer le capital; mais on
» doit considérer que le prix de chaque pro-
» duit dont le capital se compose est lui-même
» formé de ces trois parties. Ainsi, quoique le
» prix d'une marchandise quelconque doive
» aussi payer le prix du capital employé à la
» produire, la totalité du prix de cette mar-
» chandise se résout toujours, soit immédiate-
» ment, soit en dernière analyse, dans ces
» mêmes trois parties, salaire, profit et rente.
» Or, puisque le prix de *chaque* marchandise se
» résout en l'une ou l'autre de ces trois parties,
» ou en toutes les trois, il s'ensuit que le prix
» de *toutes* les marchandises, ou celui du pro-
» duit annuel de la nation, se résout en ces
» mêmes trois parties, et doit se distribuer entre
» les habitants du pays, soit comme salaire,

» soit comme profit, soit comme rente (1). »
Cependant il est clair qu'en émettant cette proposition, Smith ne parle qu'abstractivement ;
il pousse l'analyse du prix des marchandises
jusqu'au point où il découvrira ses éléments
les plus simples ; mais il est si loin de nier que
ce prix ne puisse aussi comprendre des éléments composés, qu'il ajoute expressément
que, dans la réalité, *le prix d'une marchandise
quelconque doit encore payer le prix du capital
employé à la produire.* La faute de Smith est de
s'être exprimé trop généralement. S'il avait dit
que le capital n'entre point *comme un élément
simple* dans le prix des produits, sa proposition en aurait eu plus de clarté et de précision.
Au reste, comme il admet l'existence d'un capital national, et qu'il le distingue soigneusement du revenu net, il est difficile de se méprendre sur sa véritable pensée. De tous ses

---

(1) *Richesses des nations,* liv. I. chap. vi. (Vol. I, pag. 75
et 78.)

disciples et commentateurs, M. Say est le seul
qui l'ait interprété d'une manière si étrange.

X. Si la valeur entière du produit annuel se
résolvait en *revenus,* comme cet écrivain le prétend, d'où viendrait donc le *capital* nécessaire
pour créer ces revenus? Dans ce cas, ne fau-
drait-il pas supposer qu'il fût épargné chaque
année de nouveau, après avoir été consommé
comme revenu? Mais qui voudrait épargner
une valeur dont on serait sûr de n'être pas
remboursé? Enfin, admettons que la valeur
entière des produits se distribue en *revenus :*
s'ensuit-il qu'elle se distribue exclusivement en
gains ou en *profits,* comme M. Say l'enseigne (1)? Les *salaires* (2) sont des revenus, mais

---

(1) Dès le début de son ouvrage il annonce ce principe, et
il ne cesse de le répéter : « La valeur *tout entière* des produits
» sert à payer les *gains* des producteurs, » dit-il à la pag. 17
de son *Traité.*

(2) Sous le nom de *salaires,* il faut aussi comprendre les

sont-ils en totalité des *profits?* Bien au contraire, ils ne font que remplacer des capitaux,
sans y ajouter même, dans la plupart des cas ,
un profit quelconque. Si l'on veut remonter à
l'origine des choses, on trouvera que le premier
revenu a été un salaire, car les fruits spontanés
de la terre, que l'homme a dû chercher pour s'en
nourrir, étaient la compensation de cette peine;
et l'on trouvera encore que ce salaire a été le
premier capital, puisqu'il a mis l'homme en état
de se procurer un revenu subséquent. A dater
de ce moment, tous les salaires sans exception
ne sont que le remplacement des avances que
le travailleur est obligé de faire pour se rendre
propre au travail , et pour subsister pendant
son travail jusqu'au moment où il en est payé.
Souvent la rentrée de ces avances est accom-
pagnée d'un profit ou d'un gain, mais plus souvent elle ne l'est pas; ainsi le salaire est loin

---

revenus des entrepreneurs , en tant qu'ils sont la récompense
de leur travail, et non le fruit de leurs capitaux.

d'être en totalité un profit, et c'est pourtant comme tel que M. Say le représente (1). De tous les revenus primitifs, il n'y a que les rentes des terres et des capitaux qui sont en entier des profits; car les capitalistes et les propriétaires fonciers qui vivent de leurs rentes ne participent point à la production, et ils n'ont

---

(1) Ceci va au point que M. Say ne parle que des *pro-fits* du travail, des *profits* du savant, des *profits* de l'ouvrier, lorsqu'il veut désigner leurs salaires, préférant ainsi le mot de profit à celui de salaire, tandis que d'autres écrivains regrettent de ne pas pouvoir appeler le profit de l'entrepreneur un salaire. En général, M. Say se plaît à donner aux termes de l'économie politique des significations plus étendues qu'ils n'ont, et à confondre de cette manière des idées qui doivent être distinguées. C'est ainsi qu'il comprend sous le nom de *produits,* et les produits, et les travaux qui les créent; sous celui de *services,* non-seulement les travaux de cette espèce, mais encore les effets utiles des terres et des capitaux; sous le nom de *producteurs,* non-seulement les individus qui produisent, mais encore les fainéants qui possèdent

aucunes avances à faire. C'est bien pour eux que le revenu brut est la même chose que le revenu net ; mais soutenir cette thèse à l'égard d'une nation, c'est supposer qu'elle se compose tout entière de rentiers, et qu'elle tire son revenu du travail des autres nations.

XI. M. Say termine sa démonstration en ob-

---

des fonds productifs ; sous celui de *profits* ou de *gains,* non-seulement les revenus nets, mais encore ceux où le remboursement des avances se confond avec le profit. Nous savons bien que M. Say dit quelque part : « Il ne faut pas faire la » guerre à mes expressions ; du moment que je les expli-» que, c'est l'idée qu'il faut attaquer, si elle ne représente » pas fidèlement la marche des faits. » Cependant les expressions ne sont pas indifférentes ; il y en a qui embrouillent les idées au lieu de les éclaircir, et celles que nous venons de citer semblent être de cette espèce. Par exemple, si M. Say n'avait pas confondu sous le nom de profits les revenus qui exigent des avances et ceux qui n'en exigent point, peut-être n'eût-il jamais songé à soutenir la thèse que nous combattons.

servant « qu'elle ruine le système des économis-
» tes du xviiie siècle, qui ne regardaient comme
» le revenu de la société que le produit net des
» terres, et qui concluaient que la société n'a-
» vait à consommer qu'une valeur égale à ce
» produit net ; comme si la société n'avait pas
» à consommer tout entière une valeur qu'elle
» a créée tout entière (1). » La démonstration
de M. Say ne ruine aucun système, hors le sien.
L'école de Quesnay avait certainement tort de
regarder le produit net *des terres* comme le seul
dont une nation jouît ; mais elle avait raison
d'admettre un revenu net national. M. Say, au
contraire, regarde le produit brut comme le
revenu de la société ; et il en conclut que la société peut consommer une valeur égale à ce
produit : comme si la société pouvait consommer tout entière une valeur qui n'est pas consommable tout entière. Puis, en continuant :

---

(1) *Traité*, II, 74.

« S'il n'y avait de revenus dans une nation, dit
» l'auteur, que l'excédant des valeurs produites
» sur les valeurs consommées, il résulterait de
» là une conséquence véritablement absurde,
» c'est qu'une nation qui aurait consommé,
» dans son année, autant de valeurs qu'elle en
» aurait produit, n'aurait point eu de revenu. Un
» homme qui a dix mille francs de rentes est-
» il considéré comme n'ayant pas de revenu,
» lorsqu'il mange la totalité de ses rentes? » S'il
y a ici de l'absurdité, elle ne résulte pas du principe que M. Say attaque, mais de la manière
sophistique dont il en fait l'application. Le revenu (net) d'une nation n'est pas l'excédant des
valeurs produites *sur la totalité des valeurs consommées* (comme l'auteur le représente), mais
seulement *sur les valeurs consommées pour produire*. Donc si une nation consomme dans son
année tout cet excédant, elle consomme tout
son revenu (net). Où est l'absurdité de cette
proposition ? Quant à l'exemple du rentier, on
ne conçoit pas ce qu'il veut dire, car il n'a nul
rapport avec le principe dont il s'agit, le re-

venu d'un rentier étant en totalité un revenu net.

XII. Un principe faux ne peut conduire qu'à des conséquences fausses. Si l'on admet que le revenu d'une nation est égal à son produit brut, c'est-à-dire qu'il n'y a point de capital à en déduire, il faut aussi admettre qu'elle peut dépenser improductivement la valeur entière de son produit annuel sans faire le moindre tort à son revenu futur. L'absurdité de cette conséquence est trop évidente pour n'être pas sentie par M. Say; mais peut-il la nier sans renverser son principe? Cette difficulté ne l'embarrasse nullement : il prend hardiment son parti, et soutient à la fois le *pour* et le *contre* (1).

---

(1) Les assertions de M. Say qu'on va lire sont tirées d'une de ses notes, ajoutées à mon *Cours* (I, 401), où il se donne la peine de rectifier mes idées. J'avais dit que le revenu *net* de la société est le seul qu'elle puisse consommer improductivement sans déchoir de sa richesse actuelle.

« La société, dit-il, peut consommer improduc-
» tivement la totalité de ses produits annuels »
(ainsi son capital aussi bien que son revenu
net) « sans déchoir de sa richesse actuelle : il
» suffit pour cela qu'elle n'entame pas ses capi-
» taux. » (N'est-ce pas dire qu'elle peut manger
ses capitaux, pourvu qu'elle ne les mange pas?)
« Or, la consommation de la totalité des revenus
» annuels n'entame ni les capitaux d'une na-
» tion ni ses autres fonds productifs. » (Ainsi
la nation peut consommer son capital, sans
avoir à craindre qu'il soit consommé.) « L'office
» des capitaux consiste uniquement à faire l'a-
» vance de tous les frais de production. » (Mais
si la société, c'est-à-dire si chaque individu dont
elle se compose, a mangé son revenu brut, et
conséquemment son capital, d'où prendra-t-elle
la valeur pour faire cette avance ?) « Lorsque
» le produit créé égale, sans plus, le capital avan-
» cé et le rembourse, tous les services produc-
» tifs sont payés : par conséquent tous les reve-
» nus de la société sont acquis et peuvent être
» en totalité consommés sans porter atteinte à

» la richesse nationale.» Quoi, l'ouvrier pourrait dépenser au cabaret, non-seulement ses
gains, mais encore cette partie de son salaire
qui lui rembourse les frais de son éducation et
les avances qu'il doit faire pour son entretien !
De quoi vivra-t-il donc la semaine suivante? de
quoi élevera-t-il son enfant? L'entrepreneur
pourrait dépenser en jouissances, non-seulement son profit net, mais encore les avances
productives qui lui ont été remboursées ! De
quoi paiera-t-il donc ses ouvriers, achètera-
t-ils de matières, entretiendra-t-il ses instruments et ses ateliers? M. Say répond à tout cela
que les valeurs capitales sont consommées,
non pas par les producteurs qui les *paient,* mais
par ceux qui les *gagnent.* Il ne voit donc pas
qu'il est impossible d'en gagner, si l'on n'en
paie pas en même temps? Où sont donc les producteurs pour lesquels le revenu brut est la
même chose que le revenu net, ou qui puissent
dépenser improductivement la totalité de leurs
revenus? Or, si aucun producteur ne le peut,
comment la nation le pourrait-elle ? J'ignore si

M. Say s'est compris lui-même en écrivant ces lignes; mais ce qu'il y a de certain, c'est qu'aucun de ses lecteurs ne le comprendra. Aussi, se doutant lui-même de cet effet, il prend la précaution d'ajouter que « la démonstration de ces » *vérités* ne peut être comprise que des person- » nes qui entendent bien les fonctions et l'em- » ploi des capitaux. » Ainsi, quiconque trouve que cette démonstration est un bavardage inintelligible n'entend rien aux fonctions et à l'emploi des capitaux !

XIII. On a vu que la thèse de M. Say s'écroule par ce seul argument, que les produits qui constituent le capital d'une nation ne sont point consommables. Il est difficile à concevoir comment une observation si simple a pu échapper à l'auteur; mais ce qu'il y a de plus singulier, c'est qu'elle se trouve déjà consignée dans les recherches de Smith, où M. Say a dû la rencontrer. « Il est évident, dit cet écrivain, qu'il » faut retrancher du revenu net de la société » toute la dépense faite pour l'entretien du capi-

» tal *fixe*. Ni les matières ni le travail nécessaires
» pour la confection des machines, instruments
» de métier, bâtiments d'exploitation, etc., ne
» peuvent jamais faire partie du révenu net. Le
» *prix* de ce travail, à la vérité, peut bien en faire
» partie, puisque les ouvriers qui y sont em-
» ployés peuvent placer la valeur de leurs salaires
» dans leur fonds de consommation ; mais la dif-
» férence est que, dans les autres sortes de tra-
» vail, et le *prix* et le *produit* vont l'un et l'autre
» à ce fonds ; le prix va à celui des ouvriers, et
» le produit va à celui d'autres personnes dont la
» subsistance, les aisances et les plaisirs se trou-
» vent augmentés par le travail de ces ouvriers. »
Plus loin, l'auteur continue : « Quant au capital
» *circulant*, le seul de ses élements qui doit être
» entièrement retranché du revenu net de la
» société, ce sont les *monnaies* ; car les *vivres*,
» les *matières* et l'*ouvrage fait* en sont retirés
» pour être versés, partie dans le capital fixe de
» la société, et partie dans son fonds de con-
» sommation. Ainsi l'entretien de ces trois élé-
» ments du capital circulant ne retranche du

» revenu net de la société que cette portion du
» produit annuel qui est nécessaire à l'entretien
» du capital fixe (1). »

XIV. Puisque nous avons tant fait de citer
ce passage, nous devons aussi observer que les
propositions qu'il contient ne sont pas toutes
également vraies, ni présentées avec la précision nécessaire.

1° Il n'est pas fondé que les travailleurs productifs puissent placer la valeur entière de leurs
salaires (2) dans leur fonds de consommation,
quand même on comprendrait dans ce fonds
leur entretien indispensable, comme Smith le
fait; ils doivent d'abord prélever sur ces salaires la valeur des avances qu'on a faites pour

---

(1) *Richesses des nations,* liv. II, chap. II. (Vol. I, pag. 425
et 427).

(2) *Voyez,* pour la signification de ce terme, la première
note du § 10.

leur éducation, afin de pouvoir élever à leur tour d'autres travailleurs destinés à les remplacer. Cette restriction est reconnue par Smith lui-même, puisqu'il reconnaît un capital dans les facultés productives des travailleurs, et qu'il admet qu'autant qu'un travail est en demande, le salaire doit nécessairement suffire pour maintenir constamment le même nombre de travailleurs. Suivant notre doctrine, ceux-ci doivent encore prélever sur leurs salaires la valeur des avances qu'ils ont faites pour leur entretien pendant le travail, ainsi que pour les services sans le secours desquels ils n'auraient pu travailler. Bien que ces objets fassent partie du revenu consommable, ils n'appartiennent cependant pas au revenu net, qui ne comprend que les jouissances des travailleurs, ainsi que l'entretien, soit nécessaire, soit superflu, des individus non productifs.

2° Smith dit que le *prix* du travail peut aller à la consommation, quand le *produit* de ce travail va au capital. Exprimée d'une manière si vague, cette proposition pourrait conduire à croire que la *valeur* des produits·capitaux peut se consommer par la nation, bien que ces *produits* eux-mêmes ne soient point consommables : or ce serait une grande erreur, comme nous l'avons montré dans le § VI. Si le *prix du travail* va au fonds de consommation, le *prix de son produit* va au capital.

3° On ne voit pas trop pourquoi l'auteur borne aux *monnaies* la partie du capital circulant qui doit être entièrement retranchée du revenu net. Les *matières* (et sous cette catégorie se rangent encore les *vivres* non préparés) sont-elles des produits plus consommables que les monnaies ? les chiffons de toile sont-ils du papier ? le blé est-il du pain ? le charbon qui se consume dans la fonte des métaux fait-il partie des ustensiles qui se composent de métaux ? enfin, l'*ouvrage fait* lui-même entre-t-il dans le revenu net, tant qu'il est *marchandise*, c'est-à-dire tant qu'il appartient au capital du commerçant ? Pour constituer un élément du revenu net, il ne suffit pas qu'un produit soit susceptible d'entrer dans le fonds de consommation, il faut qu'il s'y trouve en effet (1). Lorsque les marchandises deviennent *denrées* en passant à leurs consommateurs, elles sont déjà remplacées par d'autres marchandises dans les magasins de leurs producteurs : ainsi les premières existent simultanément avec les autres, et de même que les denrées composent constamment le fonds de consommation, les marchandises forment constamment une branche du capital circulant. On voit qu'il faut retrancher du revenu net, non seulement les monnaies, mais encore les vivres, les matières, et même l'ouvrage fait, en tant qu'il est marchandise. Restent les *denrées* comme la seule portion du produit annuel qui puisse former

---

(1) C'est de quoi Smith convient lui-même, en définissant le fonds de consommation par « cette masse de vivres, » d'habits, de meubles de ménage, etc., *qui ont été achetés* » *par leurs consommateurs,* mais qui ne sont pas encore entièrement consommés. » *Rich. des nat.*, liv. II, chap. i. (Vol. I, pag. 414).

le revenu net, encore faut-il en exclure toutes celles qui sont employées à renouveler, soit le capital fixe, soit le capital circulant, tels que les instruments de métier, l'ouvrage fait qui entre dans la composition d'un autre ouvrage fait, etc. Ces observations prouvent que ce n'était point une exagération de notre part de dire que le revenu annuel se compose toujours beaucoup plus de produits capitaux que de produits consommables (1); d'où il suit que, lors même qu'une nation n'épargne rien sur son revenu net pour augmenter son capital, la valeur qui se distribue annuellement en remplacement de capitaux surpasse toujours de beaucoup celle qui se répartit en revenus nets.

XV. Si nous nous sommes arrêtés longtemps à la discussion du problème qui fait le sujet de ce chapitre, c'est que sa solution jette un grand jour sur la notion abstraite du revenu national.

---

(1) *Voyez* ci-dessus le § 5.

Nous croyons avoir démontré que ce revenu ne se distribue pas en profits seulement, mais en capitaux accompagnés de profits, et que les premiers l'emportent toujours sur les autres. Veut-on connaître en détail les éléments dont se composent les *profits de la société* ou son *revenu net*, il suffit de distinguer, parmi les revenus des particuliers, ou parmi les portions de ces revenus, ceux que chacun peut consommer improductivement sans diminuer son revenu de l'année suivante : tels sont, 1° *les gains ou les profits des producteurs*, c'est-à-dire tout ce que leur travail leur rapporte, déduction faite de leurs avances productives; et 2° *les rentes des capitaux et des terres*, qui sont en entier des gains ou des profits, parce qu'elles n'exigent aucunes avances. Il paraît inutile d'ajouter que tout ceci ne s'entend que des revenus primitifs, les revenus dérivés y étant compris. Ceux de ces derniers qui sont accordés de bon gré se prélèvent presque toujours sur le revenu net; ceux que la violence ou la ruse s'attribue peuvent encore être pris sur le capital.

XVI. Il existe un signe infaillible auquel on peut reconnaître si une nation est parvenue à jouir d'un revenu net. Comme le capital ne comprend que les subsistances et les services qui font vivre *les producteurs,* et qui leur sont strictement nécessaires pour vivre, il s'ensuit que, dans le cas où le travail d'une nation ne fait que remplacer le capital sans rien produire au-delà, chaque individu est obligé de se faire producteur, et que son travail lui procure seulement les premières nécessités de la vie; en conséquence on peut être sûr qu'il existe un revenu net partout où une partie des habitants subsistent sans produire, et où les producteurs eux-mêmes jouissent de quelques agréments de la vie. La première situation est celle de tous les peuples incultes; ceux qui ont fait quelques progrès dans la civilisation se trouvent placés dans la seconde.

XVII. De même que dans le revenu brut du *producteur,* il importe de distinguer le *capital* d'avec le *revenu* net, dans celui du *rentier* il faut pareillement démêler le revenu *nécessaire* et le revenu *superflu*, celui qui est indispensable à son entretien, et celui dont il jouit audelà ; car, bien que le revenu nécessaire des rentiers n'ait pas une destination aussi utile que celui des producteurs, par rapport aux individus qui en jouissent, c'est toujours un revenu nécessaire, et il ne saurait être employé autrement qu'il ne l'est. On voit que le revenu net des producteurs et le revenu superflu des rentiers sont les seules portions des revenus primitifs dont une nation puisse disposer librement, soit pour les *dépenser,* en se procurant des agréments et des jouissances, soit pour les *épargner*, en augmentant son capital. Vu ce caractère qui leur est commun, nous les comprendrons sous un seul nom, celui de *revenus superflus*.

CHAPITRE XI.

COMMENT LES NATIONS S'ENRICHISSENT-ELLES PAR L'EMPLOI DU REVENU SUPERFLU ?

I. Tout le monde est d'accord sur ce principe, qu'une nation doit conserver son capital si elle veut maintenir son revenu, et qu'elle ne peut entamer l'un sans diminuer l'autre. Mais lorsqu'on demande comment les nations s'enrichissent, on reçoit les réponses les plus contradictoires. « C'est en *dépensant* leur revenu » superflu, » disent les sectateurs du système mercantile et les économistes de l'école française, qui prétendent que la production est une suite infaillible de la consommation. « C'est » en *épargnant* ce revenu, » dit Smith et répètent ses disciples, qui regardent la consommation comme un effet nécessaire de la production. Ainsi chaque parti soutient qu'il n'y a de favorable à la richesse nationale qu'un seul emploi du revenu superflu, et il regarde l'autre comme nuisible à cette richesse. Cependant la production et la consommation ne sont-elles pas alternativement l'une la cause et l'effet de l'autre? et s'il en est ainsi, les deux emplois auxquels se prête le revenu superflu ne sont-ils pas également nécessaires à l'enrichissement des nations? Nous ne balançons point d'affirmer ces questions, et c'est à développer les motifs de cette décision que nous consacrons ce chapitre.

II. Personne ne disconviendra que, pour créer des produits vendables, il faut avoir, non seulement les moyens d'en créer, mais encore la perspective de les vendre. De même qu'on ne produit rien sans *capital*, on ne produit rien non plus sans *demandes*. Or, si chacun voulait *épargner* son revenu superflu, d'où viendraient les demandes, qui seules peuvent donner de l'emploi aux capitaux? Elles ne pourraient venir que *du dehors ;* car c'est se faire illusion que de voir dans l'accroissement de la population productive un accroissement de demandes. Cette population produit elle-même ce qu'elle consomme, et elle produit encore au-delà; de sorte que plus elle s'accroît, plus elle augmente l'excédant de la production sur la consommation. D'un autre côté, si chacun voulait *dépenser* son revenu superflu, d'où viendraient les produits pour satisfaire cet accroissement de demandes, le capital ne recevant aucune augmentation? Ils ne pourraient venir pareillement que *du dehors*. On voit qu'il est impossible à un peuple d'*épargner* tout son revevenu superflu, à moins de prêter aux étrangers les capitaux qui résulteraient de ces épargnes, ou de les employer exclusivement à produire pour les demandes étrangères; on voit encore qu'il est également impossible à une nation de *dépenser* tout son revenu superflu, à moins de le dépenser en produits étrangers. Dans la première supposition, l'accroissement du capital pourrait être prodigieux, mais il ne procurerait à la nation aucune jouissance, puisqu'il ne serait employé qu'à l'accroître encore davantage. Dans la seconde hypothèse, la nation se verrait toujours bornée au même revenu superflu ; et si elle voulait augmenter ses jouissances, elle ne le pourrait qu'aux dépens de son capital : quelque parcimonieux ou quelque dissipateur qu'on se représente un peuple, il est difficile de s'imaginer qu'il puisse tenir une conduite absurde à ce point.

III. Nous avons appliqué les deux systèmes à la totalité du revenu superflu, afin d'en rendre les conséquences plus sensibles ; mais, quelle que soit la fraction de ce revenu qu'on veuille y substituer, le résultat en est toujours le même, c'est-à-dire qu'*un peuple, dans son économie intérieure, ne peut guère dépenser sur son revenu superflu qu'une valeur proportionnée à celle qu'il épargne, ni épargner qu'une valeur proportionnée à celle qu'il dépense.* Il ne peut donc suivre, ni la maxime d'augmenter ses consommations aux dépens de ses économies, ni celle d'augmenter ses économies aux dépens de ses consommations. La conduite qu'il tient, ou plutôt la seule qu'il puisse tenir, c'est d'épargner chaque année en proportion de ce qu'il dépense, c'est-à-dire d'ajouter à son capital autant qu'il en faut pour satisfaire le surcroît des demandes; s'il épargnait davantage, il y aurait bientôt plus de capitaux que d'emplois, ou plus de produits que de demandes, ce qui augmenterait infailliblement la dépense ou la consommation; s'il épargnait moins, il y aurait bientôt plus de demandes que de produits, ce qui ne manquerait pas d'encourager l'épargne et la production.

IV. C'est ainsi que les nations suivent d'elles-mêmes et à leur insu la route qui les mène à l'opulence; tout ce qui reste à désirer sous ce rapport, c'est *que les dépenses soient bien entendues, et qu'elles se fassent par les riches, afin que les pauvres aient de quoi faire des épargnes.* Qu'on nous permette de développer ces propositions.

1° Toute dépense qui se fait sur un revenu

légitime est favorable à la richesse nationale,
et elle lui est d'autant plus favorable qu'elle
est mieux entendue. C'est ici le point où les
principes de l'économie politique se confon-
dent avec les préceptes de la raison et de la
morale; car rien de ce qui leur est contraire
ne peut être constamment utile à l'enrichissement des nations, tandis que toute conduite
qui se règle sur eux a tôt ou tard l'effet d'accroître cette richesse. Montrer que cette liai-
son intime subsiste toujours, même dans les
cas qui ont l'apparence de prouver le contraire,
voilà la seule tâche à laquelle l'écrivain doit se
borner, s'il ne veut pas s'égarer hors des limites de sa science, et débiter des lieux communs
dont chaque lecteur est convenu d'avance. Or,
si le caractère des jouissances bien entendues
est tel que nous l'avons désigné, qu'on juge si
les peuples, les plus éclairés même, ont atteint
la perfection dans l'art de jouir et de s'enrichir par leurs jouissances, ou s'il leur reste
encore beaucoup à apprendre sous ce rapport.

2° L'intérêt général veut que le riche dépense

son revenu superflu et que le pauvre l'épargne, car c'est de cette manière seulement que
les dépenses et les économies de la société peuvent s'accroître. Mais ce n'est pas sous ce point
de vue seul qu'un pareil ordre de choses est
désirable; partout où il s'établit, trois grands
avantages vont à sa suite. 1° Les individus qui
font valoir les capitaux et les terres en acquièrent la propriété, ce qui est infiniment plus
profitable pour eux et pour la société que
lorsqu'ils sont obligés de les emprunter. 2° La
richesse des classes supérieures de la société
devient stationnaire, tandis que l'aisance des
classes inférieures ne cesse de s'accroître; effet
qui tend à diminuer la trop grande inégalité
des fortunes, cette source féconde de désordres
politiques et moraux. 3° Enfin, les jouissances
se multiplient et s'ennoblissent, le travail se
développe dans tous les sens, et la civilisation
en est puissamment secondée (1). Tels sont les

---

(1) Cette assertion a besoin de preuves; on les trouvera ci-
après.

avantages que procure la dépense des riches, si elle est jointe à l'économie des pauvres, et certes ils peuvent être mis au rang des plus précieux; avec cela, ils sont presque certains, pourvu que la marche naturelle des choses ne se trouve point entravée par les institutions sociales, car tous les motifs qui agissent le plus puissamment sur le riche et le pauvre portent l'un à dépenser son revenu superflu et l'autre à le ménager. S'il n'en était pas généralement ainsi, comment s'expliquerait-on les progrès constants de l'aisance dans les classes inférieures, partout où l'isolement et l'insécurité ne les retiennent pas forcément dans la pauvreté? Le tiers-état de l'Europe occidentale, autrefois dans la dépendance des propriétaires fonciers, n'est-il pas devenu leur rival en richesse? et le même phénomène ne se répète-t-il pas sous nos yeux dans les autres parties de ce continent, et nommément en Russie (1)?

____

(1) Quant à ce dernier pays, tous les observateurs s'accordent sur ce fait, que la frugalité y est aussi grande parmi

V. Ainsi ce n'est point exclusivement ni par leurs dépenses ni par leurs épargnes que les nations s'enrichissent, comme on l'a enseigné jusqu'ici. De ces deux doctrines contradictoires, la seconde est sans doute la plus séduisante, parce qu'elle s'accorde mieux avec ce qu'on voit arriver constamment chez les particuliers; mais cela n'empêche pas qu'elle ne soit aussi peu fondée que l'autre. Pour convaincre les

---

le peuple, que le penchant à dépenser parmi les riches propriétaires. Qu'on me permette de citer ici mes propres observations. « Les classes, ai-je dit ailleurs, qui con-
» tribuent le plus chez nous à l'accroissement de la richesse
» nationale par le moyen de l'économie, ce sont celles des
» entrepreneurs, surtout dans le tiers-état. C'est prin-
» cipalement chez eux que les capitaux s'accumulent, et
» avec une rapidité d'autant plus grande, qu'ils joignent,
» pour la plupart, à l'industrie la plus active une fruga-
» lité inconnue en d'autres pays. Les fortunes immenses
» qu'on voit naître en peu d'années sous leurs mains expli-
» quent suffisamment le phénomène de l'accroissement rapide
» du capital national. » *Cours d'écon. polit.*, liv. II, chap. IX.

lecteurs de cette assertion, nous trouvons nécessaire d'analyser complétement cette doctrine, et de répondre d'avance aux objections qu'on pourrait en tirer contre la nôtre.

VI. Smith se fonde sur le raisonnement que voici :

1° « Sauf les produits spontanés de la terre, » qui ne font que la plus petite partie du re- » venu national, tout ce revenu est exclusive- » ment le fruit du *travail.*

2° » Aucun travail ne peut se faire sans *ca- » pital;* ainsi le revenu se règle sur le capital ; » c'est-à-dire, il augmente ou il diminue sui- » vant que le capital éprouve les mêmes chan- » gements.

3° » Le capital augmente par l'*économie* (par- » simony), et il diminue par la prodigalité ou » la mauvaise conduite des affaires ; donc le re- » venu annuel ne s'accroît que par l'écono- » mie (1). »

---

(1) *Rich. des nat.,* liv. II, chap. III. (Vol. II, pag. 4 et 13).

VII. La première proposition est incontes-
table, pourvu qu'on attache au mot de *travail*
le sens qu'on doit y attacher; la seconde ne
peut être admise qu'avec de grandes restric-
tions. Une infinité de travaux s'exécutent sans
que le producteur ait besoin de posséder un
capital ou même d'en emprunter : les consommateurs lui avancent, *sur leurs revenus*, les
fonds qui lui sont nécessaires pour la production des objets qu'ils demandent; la plus vaste
de toutes les entreprises, celle dont se charge
le gouvernement, ne se fait jamais d'une autre
manière (1).

VIII. Enfin la troisième proposition est
fondée sur une analogie absolument fausse.
« De même, dit Smith, que le capital d'un
» individu ne peut s'augmenter que par les
» fonds que cet individu épargne sur son re-
» venu superflu, de même le capital d'une

---

(1) *Voyez* plus haut, chap. viii, § 8.

» société, qui n'est autre chose que celui de
» tous les individus qui la composent, ne
» peut s'augmenter que par la même voie. »
Nous venons de montrer qu'il n'en est pas
ainsi. Contre un individu qui *épargne* pour
former un capital productif, il en faut plusieurs qui dépensent pour acheter les produits de ce capital; d'ailleurs, comme ce n'est
que sur son revenu qu'on peut faire des
épargnes, et que le revenu de chaque producteur provient de la dépense de quelques consommateurs, comment les uns feraient-ils
pour épargner si les autres ne dépensaient
point? La situation économique d'un peuple
n'est pas celle d'un individu vivant dans une
société commerçante, où l'un produit pour
les besoins de l'autre : c'est celle d'une famille
isolée qui produit pour ses propres besoins.
Si Smith avait remarqué cette analogie, il se
serait d'abord convaincu que, de même qu'une
telle famille, une nation ne saurait avoir d'autre
motif d'épargner ou d'augmenter ses moyens
de produire que celui de dépenser davan-

tage ou de consommer plus de produits (1).

IX. Ainsi le capital d'un individu s'augmente *par l'épargne*, et il ne peut s'augmenter que par là; celui de la société s'augmente *par la dépense jointe à l'épargne*, car ce n'est qu'en proportion de ce qu'elle dépense qu'elle peut épargner, comme ce n'est aussi qu'en proportion de ce qu'elle épargne qu'elle peut dépenser. Encore ce dernier principe n'est-il pas aussi rigoureusement vrai que le premier, puisque la dépense du consommateur tient souvent lieu de capital au producteur, comme nous venons de l'observer. « Ce qu'une nation épargne an- » nuellement, dit Smith, est aussi régulièrement » consommé que ce qu'elle dépense annuelle- » ment. » Sans doute qu'il en est ainsi quand les épargnes sont en proportion des dépenses ; mais Smith veut qu'il soit épargné le plus que possible, et qu'il soit dépensé le moins que possible. Or, si cette maxime pouvait être sui-

______

(1) Comparez chap. v, § 2, et chap. vi, § 5, art. 1er.

vie, il y aurait chaque année un surplus d'é-
pargne, ou de capital, qui irait toujours en
croissant, et ce surplus ne trouverait point
d'emploi dans l'intérieur du pays; l'accroissement même de la population ne lui en four-
nirait point, car, en même temps qu'il augmenterait la consommation, il augmenterait
aussi, et dans une proportion plus forte, la production. Reste à produire pour les étrangers,
ou à leur prêter les capitaux superflus, comme
ont fait les Hollandais. Cependant un revenu
fondé sur la consommation des autres peuples
et sur la bonne foi de leurs gouvernements
vaut-il un revenu fondé sur la production et
la consommation intérieure? est-il également
sûr, et, supposé qu'il le soit, est-il également
profitable? Jamais le contraire n'a été mieux
prouvé que par Smith lui-même.

X. Mais admettons que le système de l'é-
pargne soit avantageux au même degré que
celui de la dépense jointe à l'épargne, est-il
probable qu'une nation quelconque voudra

jamais suivre à la rigueur le premier? Les hommes seraient-ils encore disposés à travailler et à faire des épargnes, lorsqu'ils n'auraient plus de motifs pour cela? et ils n'en auraient point sans un accroissement continuel et progressif de jouissances. La richesse n'est que le moyen de se procurer une existence agréable; en faire le but de ses efforts est une folie dont peu d'individus sont atteints. Smith lui-même convient de cette vérité lorsqu'il dit : « Les hommes se contentent bien de la simple » subsistance quand le surplus qu'ils pour- » raient gagner ne servirait qu'à tenter la cupi- » dité de leurs oppresseurs; mais toutes les fois » qu'ils sont assurés de jouir des fruits de leurs » labeurs, ils s'efforcent d'améliorer leur sort, et » de se procurer non-seulement les choses né- » cessaires, mais encore les aisances et les agré- » ments de la vie (1). » Les Hollandais eux-mêmes exemple unique d'un peuple chez lequel les épargnes l'emportaient sur les dépenses, nous

---

(1) *Rich. des nat.*, liv. III, chap. III. (Vol. II, pag. 109).

offrent une preuve de la justesse de cette observation. Forcés de lutter constamment, et
contre les vagues de la mer pour conserver
leur sol, et contre des puissances formidables
pour maintenir leur indépendance, la frugalité
devenait une nécessité pour eux. Cependant, à
mesure que leur revenu s'accroissait, on voyait
les aisances et les agréments de la vie s'intro-
duire chez eux et se répandre dans toutes les
classes de la société ; preuve leurs villes ornées
de beaux édifices, leurs jardins embellis par
des fontaines et par les fleurs les plus rares,
leurs nombreuses bibliothèques, leurs galeries
de tableaux, leurs cabinets de physique et
d'histoire naturelle, les sommes considérables
qu'ils consacraient à l'avancement des sciences
et des arts ; preuve encore tant d'autres dépenses moins nobles, telles que celle de la pa-
rure recherchée de leurs femmes, et même des
villageoises parmi elles.

XI. Enfin, n'y a-t-il pas une contradiction
manifeste dans cette proportion, que les peu-

ples s'enrichissent par leurs épargnes ou leurs
privations, c'est-à-dire en se condamnant volontairement à la pauvreté? L'exemple de l'individu ne prouve rien ici, car l'effet de ses privations est contre-balancé par celui des dépenses que font d'autres individus ; mais si
tous voulaient épargner, personne ne le pourrait. Pour se convaincre de cette vérité, il suffit
de se rappeler que, dans le rapport mutuel des
individus productifs, la dépense de l'un est
toujours le revenu de l'autre. L'application la
plus simple de ce principe peut nous donner
une idée de son importance. La valeur que le
cordonnier consomme en viandes et en bière
devient un revenu pour le boucher et le bras-
séur, qui les met à même d'acheter des souliers
et des bottes. Le premier voudrait-il se contenter de nourriture végétale et ne boire que
de l'eau, les autres ne seraient plus en état de
se pourvoir de chaussures. Réciproquement la
valeur que le boucher et le brasseur consomment en bottes et en souliers devient un revenu pour le cordonnier, qui lui donne les

moyens d'acheter de la viande et de la bière;
ceux-là voudraient-ils aller pieds nus ou porter
des sabots de leur façon, l'autre ne serait plus
en état de se procurer de la viande et de la
bière. Le même enchaînement d'intérêt qui
vient d'être prouvé par rapport à deux ou
trois individus doit être admis pour la totalité de ceux qui produisent et dont les produits
s'échangent les uns contre les autres, soit immédiatement, soit par le détour le plus long.
Ainsi, quelque paradoxale que paraisse cette
assertion, on est bien fondé à dire que les
poëtes, les peintres et les musiciens ne concourent pas moins à enrichir les laboureurs,
les artisans et les marchands, que ceux-ci ne
contribuent à faire prospérer les autres. Tout
ce qu'un producteur consomme se convertit
en revenus pour les autres; ce que les autres
consomment devient un revenu pour lui. Or,
comme ce n'est que sur son revenu que chacun
peut faire des épargnes, on voit ce qui en résulterait si tous voulaient réduire leurs consommations pour épargner le plus possible:

chacun, en diminuant le revenu qu'il procurait aux autres, finirait par perdre le sien ; chacun, en privant les autres des moyens de former un capital, s'en priverait lui-même.

XII. D'ailleurs, si les nations avaient toujours suivi à la rigueur le principe de l'épargne, ou, pour mieux dire, s'il leur avait été possible de le suivre, où en seraient la culture des vergers et des potagers, celle des vignobles et des plantations, la vérité et la perfection de nos manufactures, notre commerce extérieur, la plupart des sciences, tous les arts d'agrément, en un mot, où en seraient notre industrie et nos lumières? car dès qu'il s'agit d'épargner le plus possible, et de réduire ses dépenses au simple nécessaire, tout ce qui est au-delà devient inutile. Au contraire, quand les gens riches dépensent leurs revenus superflus, ils ne peuvent les employer qu'à des consommations variées, recherchées et délicates, ce qui fait créer des produits analogues ; ainsi la dépense de ces revenus excite un développement de travail que leur

épargne ne saurait jamais provoquer. Si la civilisation n'est pas restée stationnaire dès sa naissance, si l'esprit humain a fait des progrès,
c'est à la dépense, et non à l'épargne du revenu
superflu, que le monde en est redevable. Smith
lui-même nous fournit une des preuves les plus
frappantes de cette vérité, en montrant comment la découverte de l'Amérique et du passage direct au Indes ont augmenté l'industrie,
et par conséquent la richesse des peuples de
l'Europe, par la multiplication de leurs plaisirs
et de leurs jouissances, c'est-à-dire par celle de
leurs dépenses (1).

XIII. On voit que tous les intétêts sociaux,
ceux de l'humanité même, exigent que le riche
dépense son revenu superflu et que le pauvre
épargne le sien. Comment un écrivain aussi
judicieux que Smith a-t-il pu méconnaître ces

____

(1) *Richesses des nations*, liv. IV, chap. vii. (Vol. II,
pag. 401).

avantages, et soutenir que les dépenses des riches, loin d'être favorables au développement
du travail, le paralysent au contraire, et que
l'accumulation seule des capitaux suffit pour
le vivifier? Il prétend avoir observé « que le
» peuple est ordinairement paresseux, débauché
» et pauvre partout où il tire sa subsistance prin-
» cipale de la dépense de revenus superflus, com-
» me dans les villes qui sont la résidence d'une
» cour; et qu'il est en général laborieux, frugal
» et économe là où il subsiste principalement
» de capitaux employés, comme dans beaucoup
» de villes d'Angleterre et dans la plupart de cel-
» les de la Hollande (1). » Pour apprécier cette
observation, il ne faut pas oublier ce que Smith
appelle *travail* (labour). Dans son langage, il n'y
a de *gens laborieux* que ceux qui s'occupent
d'industrie ; et lorsqu'il parle de *fainéants*, il
n'y comprend pas seulement ceux qui le sont

-----

(1) *Richesses des nations*, liv. II, chap. III. (Vol. II,
pag. 10).

en effet, mais toutes les personnes qui, d'après sa doctrine, ne produisent rien, quelque laborieuses qu'elles soient, et quelque profitable que soit leur travail à elles-mêmes comme à la société. Ainsi tout ce que cette observation prouverait si elle était fondée, c'est que les manufactures et le commerce réussissent difficilement dans les villes qui sont la résidence d'une cour ou d'un grand nombre de gens riches, car l'agriculture ne saurait y être exercée (1). Mais cette observation est-elle fondée? Comment Smith la prouve-t-il? Pour la plupart des villes qu'il cite, telles que Rome, Madrid, Versailles, Compiègne, Fontainebleau,

---

(1) A l'exception, s'entend, des fruits et des légumes. Or, de l'aveu même de Smith, cette culture n'est nulle part aussi florissante que dans les faubourgs et les environs des grandes villes, ce qui s'explique aisément par la quantité d'engrais qu'elles fournissent aux vergers et aux potagers, et par le marché avantageux qu'elles offrent à leurs produits.

et plusieurs villes de parlement en France, leur
situation est si défavorable au commerce et
aux manufactures que cette circonstance seule
explique suffisamment pourquoi elles n'en ont
point ; cependant Smith n'hésite pas d'attribuer
leur défaut d'industrie au séjour des souve-
rains, des parlements et des rentiers. Au contraire, lorsqu'une capitale ou une ville de parlement nous présente le spectacle d'une grande
industrie, comme Londres, Lisbonne, Copen-
hague, Rouen, Bordeaux, il met cet avantage
uniquement sur le compte de leur situation.
Cela s'appelle prouver à la manière des sophis-
tes. L'exemple même de la ville d'Édimbourg,
dont l'industrie s'est accrue depuis qu'elle a
cessé d'être le siége du parlement d'Écosse, ne
prouve rien, si l'on ne peut démontrer que cet
effet est dû exclusivement à cette circonstance ;
tant d'autres villes en Écosse sont devenues
manufacturières et commerçantes depuis la
même époque, sans avoir éprouvé un pareil
changement. Pour réfuter les inductions que
Smith tire de ces faits, il suffit d'observer que

plusieurs capitales peu favorablement situées
pour le commerce, telles que Berlin, Munich,
Moscou, Brunswick, Bruxelles, sont pourtant
des villes très-industrieuses et très-commer-
çantes; et, sans vouloir en conclure que la résidence de la cour et d'une noblesse opulente
soit la cause de leur industrie, on peut du moins
en inférer que cette circonstance ne s'y oppose
pas, comme Smith le prétend.

XIV. « On a remarqué, ajoute cet auteur,
» que les habitants d'un gros bourg, après de
» grands progrès dans l'industrie, avaient
» tourné ensuite à la fainéantise et à la pauvreté,
» parce que quelque grand seigneur avait établi
» son séjour dans leur voisinage. » Comme il
nous est impossible de vérifier un fait si vague-
ment allégué; nous nous bornons à lui opposer
un raisonnement, mais un raisonnement sorti
de la plume du même écrivain. « Si, pour les
» gens qui vivent de leur industrie, dit Smith
» ailleurs, un voisin riche est une meilleure
» pratique qu'un voisin pauvre, il en est de

» même d'une nation. Les particuliers qui cher-
» chent à faire leur fortune ne s'avisent jamais
» d'aller se retirer dans les provinces pauvres et
» reculées, mais ils vont se rendre à la capitale
» ou à quelque grande ville de commerce ; ils
» savent très-bien que là où il circule peu de
» richesses, il y a peu à gagner, mais que dans
» les endroits où il y a beaucoup d'argent en
» mouvement, il y a espoir d'en attirer à soi
» quelque portion. Cette maxime qui sert ainsi
» de guide au bon sens d'un, de dix, de vingt
» individus, devrait aussi diriger le jugement
« d'un, de dix, de vingt millions d'hommes (1). »
Que le lecteur juge maintenant lequel des deux,
du fait ou du raisonnement, mérite le plus de
confiance.

XV. Dans tout le cours de son ouvrage,
Smith ne cesse de préconiser l'épargne ; il s'indigne contre toute dépense qui n'est pas immé-

---

(1) *Rich. des nat.*, liv. IV, ch. III, II⁰ part. (Vol. II, p. 245.

diatement productive dans son sens; il semble qu'il voudrait que tout le pays ne fût qu'un grand atelier, et que la population entière fût composée de laboureurs, d'artisans et de marchands. « La rente de la terre, dit-il, et les pro-
» fits des capitaux sont les deux sortes de reve-
» nus qui donnent .à leurs maîtres le plus de
» matière à faire des épargnes. L'un et l'autre
» de ces revenus peuvent indifféremment en-
» tretenir des *salariés productifs* et des *salariés*
» *non productifs;* ils semblent pourtant.avoir
» toujours pour les derniers quelque prédilec-
» tion. La dépense d'un grand seigneur fait vi-
» vre en général plus de *gens oisifs* que de *gens*
» *laborieux;* et quoique le riche commerçant
» n'emploie son *capital* qu'à entretenir des gens
» laborieux, néanmoins son *revenu* nourrit or-
» dinairement des gens oisifs (1). » On voit que dans ce passage, comme dans une infinité d'autres, les travailleurs que Smith appelle non productifs sont confondus avec les fainéants. Mais

---

(1) *Rich. des nat.*, liv. II, chap. III. (Vol. II, pag. 6.)

sous quelque nom qu'il lui plaise de désigner les premiers, nous ne voyons pas quel tort pourrait en résulter pour la richesse nationale si les revenus superflus des gens riches étaient employés à donner de l'occupation aux savants, aux littérateurs et aux artistes, plutôt qu'aux cultivateurs, aux artisants et aux marchands, si les gens riches aimaient mieux faire des dépenses en livres, en statues, en tableaux, qu'en meubles précieux, en bijoux et en dentelles; s'ils préféraient d'aller au concert et au spectacle, plutôt que de charger leurs tables de mets exquis et de vins délicieux. Mais il n'est pas même fondé que les gros revenus aient plus de tendance à se dépenser en jouissances immatérielles qu'en jouissances matérielles. Examinez sous ce rapport les habitudes des gens riches, même dans les pays les plus civilisés : contre un individu dont la dépense sert à encourager les sciences, les lettres et les arts, vous en trouverez sûrement dix dont les consommations ne sont favorables qu'à l'industrie.

XVI. Quant aux domestiques inutiles que les gens riches nourrissent, quelque nombreux qu'en soit le train, ce n'est toujours que la plus faible dépense d'un grand ménage. Smith lui-même observe que, « depuis que les manufac- » tures et le commerce ont multiplié les jouis- » sances matérielles, les gros revenus se dépen- » sent infiniment plus en marchandises précieu- » ses qu'en services domestiques, et que le plus » riche seigneur, au lieu de nourrir comme au- » trefois des milliers de clients, a maintenant à » peine dix laquais à ses ordres (1). » Cependant le même auteur trouve qu'ils sont encore trop nombreux. Pourquoi ne trouve-t-il pas aussi que les tisserants en soie, les brodeurs, les joailliers, les orfèvres, les faiseurs de dentelles, les pâtissiers, les confituriers, les distillateurs, les parfumeurs, le sont? car lorsqu'un homme est employé à satisfaire la vanité ou la sensua-lité des autres, peu importe qu'il fournisse des

---

(1) *Richesses des nations*, liv. III, chap. iv. (Vol. II, p. 126).

objets matériels ou des services. Mais Smith se plaît à représenter les domestiques des gens riches comme des paresseux et des débauchés; il soutient que, dans une ville où leur nombre est considérable, leur fainéantise corrompt même le reste du peuple, au point qu'il devient difficile d'y faire des entreprises industrielles. Pour ce qui concerne les ouvriers, il trouve que leur état les rend laborieux et économes (1). Sans faire valoir nos propres observations, qui souvent nous ont donné un résultat contraire, voici celles d'un autre écrivain, auquel personne ne conteste ni la bonne foi ni le jugement qui constituent le bon observateur (2). « Le domestique, dit cet auteur, est en » général plus économe que l'ouvrier. Plu- » sieurs motifs le portent à l'être, surtout le » sentiment de sa dépendance et de son peu » d'aptitude pour les métiers; sentiment qui le » rend continuellement inquiet et soucieux sur

---

(1) *Rich. des nat.*, liv. II, chap. III. (Vol. II, p. 10, 11, 12).

(2) Garnier, dans sa traduction de Smith, note xxe.

» l'avenir. De même il est bien moins disposé
» à fréquenter le cabaret; outre son penchant
» à l'épargne, ses habitudes l'en éloignent, tan-
» dis que l'ouvrier y dépense presque toujours
» tout ce qu'il gagne, et serait même en butte
» aux railleries de ses camarades s'il s'avisait
» d'être frugal et économe. Aussi la quantité de
» petits capitaux accumulés entre les mains des
» domestiques est-elle prodigieuse, et ces petits
» capitaux forment presque la seule ressource
» ouverte à ces maîtres ouvriers pauvres et ran-
» gés qui, pour donner quelque extension à
» leur industrie, consentent à payer un intérêt
» un peu supérieur au cours de la place, et qui
» n'auraient pas de crédit ni d'accès auprès des
» grands capitalistes. Il est impossible de s'ima-
» giner combien d'industrie est mise en activité
» dans une grande ville à l'aide de ces petits
» capitaux. Sous ce point de vue, le domestique
» se présente comme un intermédiaire placé
» près du riche pour recueillir les débris du
» revenu que celui-ci dissipe, et pour les por-
» ter à la plus pauvre comme à la plus labo-

» rieuse des classes qui composent la popula-
» tion des grandes villes. »

XVII. Si l'économie est une vertu sociale, la prodigalité doit être un vice anti-social; aussi Smith représente-t-il l'homme économe comme un bienfaiteur de la société, et le prodigue comme son ennemi. Il compare celui-ci à un homme qui dissipe à quelque usage profane les revenus d'une fondation pieuse, et qui paie des salaires à la *fainéantise* avec les fonds que la frugalité de ses pères avait consacrés à l'entretien de l'*industrie* (1). Si l'auteur s'indigne à ce point contre le dissipateur, c'est parce que celui-ci ne se borne pas à dépenser son revenu, mais qu'il entame son capital. Avant d'examiner si une pareille conduite est en effet aussi nuisible à la société que Smith le pense, demandons-nous d'abord pourquoi il suppose que le prodigue dissipe son capital exclusivement en

(1) *Richesses des nations,* liv. II, chap. III. (Vol. II, pag. 15).

payant des *services;* car on sait déjà que, dans la bouche de Smith, le terme de fainéantise ne signifie que cela. A-t-on jamais vu un prodigue se ruiner uniquement par des dépenses de cette nature? et si quelqu'un était dans ce cas, sa prodigalité serait-elle plus funeste à la société que s'il se ruinait en consommations matérielles? Quant à la dissipation du capital qui résulte de la folle conduite du prodigue, nous la considérons aussi comme un mal, mais non par la même raison que Smith. Il suppose que le capital est toujours perdu pour la société comme il l'est pour le dissipateur, et en cela il se trompe; la société ne le perd que dans le cas où il est transmis comme un revenu dérivé à des personnes qui le consomment improductivement, ce qui, par la nature des choses, doit arriver moins souvent que le contraire. Pourvu qu'un homme qui dissipe sa fortune n'en fasse pas cadeau à ses favoris ou qu'il ne la perde pas au jeu, elle ne peut passer que dans les mains de gens qui acquièrent par leur travail la part qui leur en revient; et les gens de cette espèce sont ordinairement très-économes. Ainsi, dans la plupart des cas , le capital du dissipateur, au lieu de se perdre, devient la propriété de personnes laborieuses et rangées. Un pareil changement peut-il être un désavantage pour la société? Si le dissipateur avait conservé son capital, les producteurs auraient dû le lui emprunter, et lui en payer les intérêts qu'il aurait consommés improductivement ; dans la supposition actuelle , ils en sont devenus les propriétaires, et ils peuvent employer les intérêts comme un capital pour étendre leurs entreprises et pour augmenter leurs produits (1). Toutes ces considérations ne nous empêchent cependant pas de regarder la prodigalité comme un mal : d'abord parce qu'elle est un désordre moral que la raison ne peut jamais approuver, et

---

(1) Que dire, après cela, de cette assertion de M. Say :
» Toutes les fois qu'un fonds placé se dissipe, il y a dans
» quelque coin du monde une quantité équivalente d'in-
» dustrie qui s'éteint. Le prodigue qui mange une partie de
» son fonds prive en même temps un homme industrieux

qu'en conséquence elle ne doit jamais désirer;
ensuite, parce que le dissipateur, dans le cas
où il est dépourvu d'un capital personnel,
tombe à charge à la société après s'être ruiné.

XVIII. Mais si la dissipation des particuliers
est un mal, celle des gouvernements en est un
plus grand; car le gouvernement n'ayant point
de fortune à lui comme le particulier, la valeur
qu'il dissipe ne fait que retourner aux classes
laborieuses qui l'avaient fournie, et celles-ci
sont forcées de regagner par un second travail
ce qui leur appartenait déjà par un premier.
L'injustice à part, un pareil procédé n'est-il
pas fait pour décourager le travail? Toutefois
ce serait une erreur de croire que les peuples
s'appauvrissent toujours par la profusion de
leurs gouvernements : ce malheur est ordinairement la suite d'autres circonstances plus

---

» de son revenu. » (*Traité*, II, 246). On s'étonne que
M. Say ne trouve pas le prodigue justiciable d'avoir fait
mourir de faim le pauvre industrieux qui vivait de son capital.

désastreuses qui attaquent la propriété morale des individus. C'est lorsqu'une nation a
perdu son indépendance , ou qu'elle gémit
sous une oppression domestique , lorsqu'il
ne lui est pas permis de penser et de jouir,
et que la superstition ou la tyrannie tiennent
ses facultés enchaînées , c'est alors seulement
que l'envie de travailler et de gagner se perd
sans retour. Il y a peu de gouvernements en
Europe qui n'aient à se reprocher les profusions les plus excessives ; cependant, comme
ils permettent à l'homme d'être homme , et
qu'ils secondent même le développement de
ses facultés , ces profusions peut-être ont re-
tardé dans quelques pays le progrès naturel
de la richesse nationale, mais nulle part elles
n'ont pu l'arrêter.

FIN.

TABLE

DES CHAPITRES.

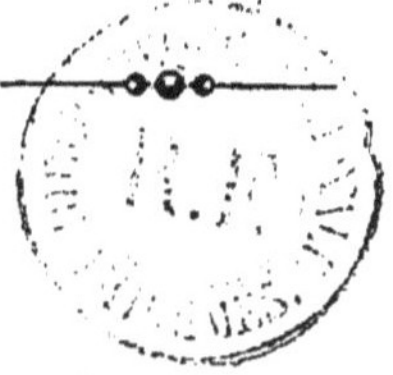